COLLECTION DES CLASSIQUES POPULAIRES

# VICTOR HUGO

## SON ŒUVRE POÉTIQUE

# EN VENTE DANS CETTE COLLECTION

*Prix de chaque volume, broché* . . . **1 50**
— — cart. souple, tr. rouges. **2 50**

**Chaque volume contient de nombreuses illustrations**

**HOMÈRE,** par A. Couat, Recteur de l'Académie de Lille, 1 vol.

**VIRGILE,** par A. Collignon, agrégé des lettres, professeur de rhétorique au Lycée de Nancy, 1 vol.

**DÉMOSTHÈNE,** par H. Ouvré, agrégé des lettres, maître de conférences de littérature grecque à la Faculté des Lettres de Bordeaux, 1 vol.

**CICÉRON,** par M. Pellisson, agrégé des lettres, inspecteur d'Académie, 1 vol.

**PLUTARQUE,** par J. de Crozals, professeur d'histoire à la Faculté des lettres de Grenoble, 1 vol.

**LES CHRONIQUEURS,** par A. Debidour, doyen de la Faculté des lettres de Nancy.
    Première série : *Villehardouin ; — Joinville*, 1 vol.
    Deuxième série : *Froissart ; — Commines*, 1 vol.

**LA FONTAINE,** par Emile Faguet, docteur ès lettres, professeur de rhétorique au Lycée Janson-de-Sailly, 1 vol.

**CORNEILLE,** par le même, 1 vol.

**Mme DE SÉVIGNÉ,** par R. Vallery-Radot, 1 vol.

**MOLIÈRE,** par Hippolyte Durand, agrégé des lettres, inspecteur général honoraire de l'Instruction publique, 1 vol.

**FÉNELON,** par G. Bizos, doyen de la Faculté des lettres d'Aix, 1 vol.

**MONTESQUIEU,** par Edgar Zévort, recteur de l'académie de Caen, 1 vol.

**J.-J. ROUSSEAU,** par L. Ducros, professeur de littérature française à la Faculté des lettres de Poitiers, 1 vol.

**BUFFON,** par H. Lebasteur, professeur de rhétorique au Lycée de Chambéry, 1 vol.

**FLORIAN,** par Léo Claretie, professeur agrégé des lettres au Lycé de Douai, 1 vol.

**VICTOR HUGO,** par Ernest Dupuy, professeur de rhétorique au Lycée Henri IV, 1 vol.

**MICHELET,** par F. Corréard, professeur agrégé d'histoire au Lycée Charlemagne, 1 vol.

**SHAKESPEARE,** par James Darmesteter, professeur au Collège de France, 1 vol.

VICTOR HUGO EN 1828
d'après la lithographie originale de Devcria.

COLLECTION DES CLASSIQUES POPULAIRES

# VICTOR HUGO

## SON ŒUVRE POÉTIQUE

PAR

ERNEST DUPUY

ANCIEN ÉLÈVE DE L'ÉCOLE NORMALE SUPÉRIEURE
PROFESSEUR DE RHÉTORIQUE AU LYCÉE HENRI IV
LAURÉAT DE L'ACADÉMIE FRANÇAISE

**Ce volume est orné de 4 portraits de Victor Hugo
en 1828, 1847, 1862 et 1873 (reproductions d'originaux), et il contient
une vue d'Hauteville-House.**

DEUXIÈME ÉDITION

PARIS
H. LECÈNE ET H. OUDIN, ÉDITEURS
17, RUE BONAPARTE, 17
—
1890

# LA VIE DE VICTOR HUGO

# VICTOR HUGO

## SON ŒUVRE POÉTIQUE

### LA VIE DE VICTOR HUGO

Victor Hugo naquit à Besançon le septième jour de ventôse an X de la République, date qui correspond au 26 février de l'année 1802. Il faut donc restreindre un peu le sens de la formule qu'il a employée le premier, et qu'après lui on a tant répétée pour indiquer l'époque de sa naissance : « Ce siècle avait deux ans ! » Si la date est donnée par le poète d'une manière un peu trop vague, le commentaire dont il l'a accompagnée mérite d'être retenu pour sa précision pleine de couleur et d'éclat.

. . . . Rome remplaçait Sparte ;
Déjà Napoléon perçait sous Bonaparte,
Et du premier consul déjà, par maint endroit,
Le front de l'empereur brisait le masque étroit.
Alors dans Besançon, vieille ville espagnole,
Jeté comme la graine au gré de l'air qui vole,

Naquit d'un sang breton et lorrain à la fois
Un enfant sans couleur, sans regard et sans voix,
Si débile, qu'il fut, ainsi qu'une chimère,
Abandonné de tous, excepté de sa mère,
Et que son cou, ployé comme un frêle roseau,
Fit faire en même temps sa bière et son berceau.
Cet enfant que la vie effaçait de son livre,
Et qui n'avait pas même un lendemain à vivre,
C'est moi.

Ce nouveau-né, dont la tête frappa par sa lourdeur disproportionnée avec le corps très frêle, était le troisième fils d'un chef de bataillon de la 20e demi-brigade, Joseph-Léopold-Sigisbert Hugo, d'origine Lorraine ; la mère, Sophie-Françoise Trébuchet, était fille d'un capitaine-armateur du port de Nantes. Le poète a résumé lui-même ses origines dans un vers bien souvent cité :

Mon père vieux soldat, ma mère Vendéenne.

Victor Hugo a parlé de son père et de sa mère avec une piété très éloquente. Après avoir rappelé ses soins maternels qui protégèrent son existence « en naissant condamnée, » et fortifièrent par un miracle d'amour sa première enfance, triste, troublée, vouée aux larmes, il laisse échapper ce cri touchant :

Oh! l'amour d'une mère! amour que nul n'oublie!
Pain merveilleux qu'un Dieu partage et multiplie!

Table toujours servie au paternel foyer !
Chacun en a sa part, et tous l'ont tout entier !

Il a aussi payé à la mémoire de son père un large tribut d'hommages. Il l'a rendu immortel le jour où il a écrit en tête d'un de ses volumes de vers cette dédicace qui est toute une biographie à la façon des états de services gravés par les anciens Romains sur leurs tombeaux :

JOSEPH-LÉOPOLD-SIGISBERT
COMTE HUGO,
LIEUTENANT-GÉNÉRAL DES ARMÉES DU ROI
NÉ EN 1774,
VOLONTAIRE EN 1791,
COLONEL EN 1803,
GÉNÉRAL DE BRIGADE EN 1809,
GOUVERNEUR DE PROVINCE EN 1810,
LIEUTENANT-GÉNÉRAL EN 1825,
MORT EN 1828,

Non inscrit sur l'Arc de l'Etoile,

*Son fils respectueux,*

V. H.

L'Arc de Triomphe, ce monument élevé aux héros des guerres de la République et de l'Empire, peut périr ; le souvenir du général comte Hugo survivra dans l'œuvre impérissable du poète.

Ce serait une lacune, dans une étude biographique sur Victor Hugo, que de **ne** pas marquer en quelques traits cette physionomie très vigoureuse de son père. Le grand poète, dont le patriotisme éclatera dans tant d'écrits, depuis l'*Ode à la colonne* jusqu'au livre de l'*Année terrible*, est le rejeton d'une souche vraiment héroïque. Son père, Léopold Hugo, s'engagea comme volontaire à l'âge de 14 ans. Les quatre frères de Léopold Hugo allèrent comme lui aux armées; deux furent tués aux lignes de Wissembourg. Un autre frère, Louis, celui que dans la famille on appelait « Louis XVII », parce que, sur dix-huit enfants, il était le dix-septième, fut blessé. C'est cet oncle Louis que le poète nous présentera dans un de ses derniers ouvrages, et dans la bouche duquel il placera le merveilleux récit intitulé *le Cimetière d'Eylau*.

Léopold Hugo, attaché à l'état-major dès 1791, se lia d'amitié avec Desaix et Kléber; il se signala en Vendée par des traits d'héroïsme et de générosité dont le souvenir a inspiré bien des pages du dernier roman de Victor Hugo, *Quatre-vingt-treize*. Il suivit la fortune d'un de ses amis, Lahorie, chef d'état-major de Moreau, prit part à plusieurs combats, et, à l'aide d'une poutre jetée sur un pont rompu, passa le premier le Danube au milieu d'un feu terrible de mitraille. Cet exploit lui valut l'épaulette de chef de bataillon sur le lieu même du combat.

Après avoir commandé à Lunéville et tenu garnison à Besançon, où naquit son troisième fils, Léopold Hugo partit avec les siens pour l'île d'Elbe et pour la Corse. A la date de ce départ, Victor Hugo était âgé de six semaines. Le commandant Hugo, appelé à l'armée d'Italie, renvoya sa famille à Paris. Il la rappela auprès de lui, dès que la faveur de Joseph, roi de Naples, l'eut élevé au grade de colonel du régiment de Royal-Corse et de gouverneur d'Avellino. Victor Hugo vit donc l'Italie dans l'automne de 1807. Son père rejoignit le roi Joseph en Espagne, et une seconde fois la mère et les trois enfants rentrèrent à Paris. Ils en repartirent pour aller retrouver le chef de famille devenu général, gouverneur de Guadalaxara, et comte de l'Empire. Dans son premier recueil de vers, le poète rappelait ainsi ses voyages d'enfance :

Je visitai cette île, en noirs débris féconde,
Plus tard premier degré d'une chute profonde ;
Le haut Cenis, dont l'aigle aime les rocs lointains,
Entendit, de son antre où l'avalanche gronde,
Ses vieux glaçons crier sous mes pas enfantins.

Vers l'Adige et l'Arno je vins des bords du Rhône.
Je vis de l'occident l'auguste Babylone,
Rome, toujours vivante au fond de ses tombeaux,
Reine du monde encor sur un débris de trône,
  Avec une pourpre en lambeaux ;

Puis Turin, puis Florence aux plaisirs toujours prête,
Naple, aux bords embaumés, où le printemps s'arrête

Et que Vésuve en feu couvre d'un dais brûlant,
Comme un guerrier jaloux qui, témoin d'une fête,
Jette au milieu des fleurs son panache sanglant...

L'Espagne me montrait ses couvents, ses bastilles ;
Burgos, sa cathédrale aux gothiques aiguilles ;
Irun, ses toits de bois ; Vittoria, ses tours ;
Et toi, Valladolid, tes palais de familles,
Fiers de laisser rouiller des chaînes dans leurs cours.

Mes souvenirs germaient dans mon âme échauffée ;
J'allais, chantant des vers d'une voix étouffée ;
Et ma mère, en secret observant tous mes pas,
Pleurait et souriait, disant : C'est une fée
    Qui lui parle, et qu'on ne voit pas !

De tous ces voyages, c'est celui d'Espagne qui laissa dans l'esprit de l'enfant la plus forte impression. Les premiers noms qu'il entendit s'emparèrent de son imagination, et plus tard le poète les retrouvera naturellement sous sa plume. Ainsi le carrosse qui portait la famille Hugo, et qu'escortèrent, tout le chemin, les gardes du trésor de l'armée, c'est-à-dire deux mille hommes et quatre canons, fit halte à Ernani, et plus loin à Torquemada. Ces deux noms de villes fourniront à Victor Hugo les titres de deux de ses drames.

De même les souvenirs du séjour à Madrid suggéreront un jour au romancier, à l'auteur dramatique, ce personnage de nain difforme et formidable qui reviendra obstinément à travers toute l'œuvre sous les noms de Han d'Islande, de Triboulet, de Quasimodo, de Gucho. Cette création puissante n'est que le portrait plus ou moins grossi, enlaidi, burlesquement idéalisé, d'un valet du collège. En effet, pendant que l'aîné des trois frères, Abel, entrait à la cour du roi Joseph en qualité de page, les deux autres, Eugène et Victor, étaient placés au collège des Nobles, rue Ortoleza. Tous les élèves de cette maison étaient princes, comtes ou marquis ; ils étaient servis par « un nain bossu, à figure écarlate, à cheveux tors, en veste de laine rouge, culotte de peluche bleue, bas jaunes et souliers couleur de rouille. » L'effet de terreur que cet être, effrayant de laideur, produisit sur l'imagination exaltée du jeune Victor Hugo, se traduira plus tard comme on le sait. Sans doute aussi le contraste entre l'élégance de toute cette jeunesse titrée, richissime, et les disgrâces de ce misérable, frappa l'enfant déjà observateur, et il faut faire remonter apparemment jusqu'à cette impression d'enfance le goût de ces oppositions violentes, de ces effets d'ombre et de jour que l'auteur de la préface de *Cromwell* présentera comme la parfaite expression de la vérité et de la vie.

L'année 1812 vit pâlir l'étoile impériale, et les affaires d'Espagne prirent une tournure si fâcheuse que la famille Hugo dut reprendre rapidement le chemin de Paris. Elle rentra dans cette maison des Feuillantines, qu'elle avait déjà habitée quelque temps entre le voyage d'Italie et le séjour en Espagne, et qui a tant contribué, par son caractère de solitude mystérieuse, à l'éducation morale et poétique de Hugo. Le poète s'est montré reconnaissant pour ces lieux, où, comme un maitre très auguste, la nature lui parla.

Dans l'admirable pièce, devenue presque populaire, qui est intitulée : *Ce qui se passait aux Feuillantines vers* 1813, Victor Hugo a raconté comment « un pédant » fut sur le point de l'arracher à cette maison pleine de charme pour le faire entrer au collège, et comment la mère, inquiète, ébranlée un moment par les raisons que faisait valoir l'homme grave, se laissa pourtant aller à la douceur de retenir près d'elle ses enfants, et de les laisser grandir au milieu des arbres, des fleurs, sous la libre étendue du ciel.

Tremblante, elle tenait cette lourde balance,
Et croyait bien la voir par moments en silence
Pencher vers le collège, hélas ! en opposant
Mon bonheur à venir à mon bonheur présent.
Elle songeait ainsi sans sommeil et sans trêve.
C'était l'été ; vers l'heure où la lune se lève,
Par un de ces beaux soirs qui ressemblent au jour
Avec moins de clarté, mais avec plus d'amour,

Dans son parc, où jouaient le rayon et la brise,
Elle errait, toujours triste et toujours indécise,
Questionnant tout bas l'eau, le ciel, la forêt,
Ecoutant au hasard les voix qu'elle entendrait.
C'est dans ces moments-là que le jardin paisible,
La broussaille où remue un insecte invisible,
Le scarabée ami des feuilles, le lézard
Courant au clair de lune au fond du vieux puisard,
La faïence à fleur bleue où vit la plante grasse,
Le dôme oriental du sombre Val-de-Grâce,
Le cloître du couvent, brisé, mais doux encor ;
Les marronniers, la verte allée aux boutons-d'or,
La statue où sans bruit se meut l'ombre des branches,
Les pâles liserons, les pâquerettes blanches,
Les cent fleurs du buisson, de l'arbre, du roseau,
Qui rendent en parfums ses chansons à l'oiseau,
Se mirent dans la mare ou se cachent dans l'herbe,
Ou qui, de l'ébénier chargeant le front superbe,
Au bord des clairs étangs se mêlant au bouleau,
Tremblent en grappes d'or dans les moires de l'eau,
Et le ciel scintillant derrière les ramées,
Et les toits répandant de charmantes fumées,
C'est dans ces moments-là, comme je vous le dis,
Que tout ce beau jardin, radieux paradis,
Tous ces vieux murs croulants, toutes ces jeunes roses,
Tous ces objets pensifs, toutes ces douces choses,
Parlèrent à ma mère avec l'onde et le vent,
Et lui dirent tout bas : — « Laisse-nous cet enfant !
Laisse-nous cet enfant, pauvre mère troublée !
Cette prunelle ardente, ingénue, étoilée,
Cette tête au front pur qu'aucun deuil ne voila,
Cette âme neuve encor, mère, laisse-nous-la !
Ne va pas la jeter au hasard dans la foule.
La foule est un torrent qui brise ce qu'il roule,

Ainsi que les oiseaux, les enfants ont leurs peurs.
Laisse à notre air limpide, à nos moites vapeurs,
A nos soupirs, légers comme l'aile d'un songe,
Cette bouche où jamais n'a passé le mensonge,
Ce sourire naïf que sa candeur défend !
O mère au cœur profond, laisse-nous cet enfant !
Nous ne lui donnerons que de bonnes pensées ;
Nous changerons en jour ses lueurs commencées ;
Dieu deviendra visible à ses yeux enchantés ;
Car nous sommes les fleurs, les rameaux, les clartés,
Nous sommes la nature et la source éternelle
Où toute soif s'épanche, où se lave toute aile ;
Et les bois et les champs, du sage seul compris,
Font l'éducation de tous les grands esprits !
Laisse croître l'enfant parmi nos bruits sublimes.
Nous le pénétrerons de ces parfums intimes,
Nés du souffle céleste épars dans tout beau lieu,
Qui font sortir de l'homme et monter jusqu'à Dieu,
Comme le chant d'un luth, comme l'encens d'un vase
L'espérance, l'amour, la prière et l'extase !
Nous pencherons ses yeux vers l'ombre d'ici-bas,
Vers le secret de tout entr'ouvert sous ses pas.
D'enfant nous le ferons homme, et d'homme poëte.
Pour former de ses sens la corolle inquiète,
C'est nous qu'il faut choisir ; et nous lui montrerons
Comment, de l'aube au soir, du chêne aux mouche-
[rons,
Emplissant tout, reflets, couleurs, brumes, haleines,
La vie aux mille aspects rit dans les vertes plaines.
Nous te le rendrons simple et des cieux ébloui ;
Et nous ferons germer de toutes parts en lui
Pour l'homme, triste effet perdu sous tant de causes,
Cette pitié qui naît du spectacle des choses !

Ainsi parlaient, à l'heure où la ville se tait,
L'astre, la plante et l'arbre, — et ma mère écoutait.

Pendant que les enfants et la mère jouissaient de cette heureuse sécurité, le père s'illustrait par la défense énergique de Thionville. Mais la guerre marchait vers son lugubre dénouement. L'invasion vint jeter sur les jeux du jardin une ombre de tristesse inoubliable. La famille Hugo dut loger dans la maison des Feuillantines un officier prussien et quarante soldats.

L'Empire tombé, le général Hugo eut le loisir d'intervenir dans l'éducation de ses fils. Abel, qui avait porté l'épée, prit la plume. Il se trouvera déjà littérateur connu au moment où son frère Victor voudra débuter à son tour dans la carrière littéraire, et il montrera le chemin à ce cadet dont le génie éblouissant éclipsera bientôt le talent de l'aîné.

Eugène et Victor furent placés à l'instituton Cordier-Decotte. Victor y révéla bientôt ses aptitudes. Il écrivit sur ses cahiers d'écolier une foule d'essais poétiques, et d'abord une épopée sur la chevalerie. Le héros était Roland, auquel le poète reviendra et qu'il honorera plus d'une fois de son admiration émue dans la première et dans la seconde *Légende des siècles*. Au milieu de traductions, de contes, d'épîtres, de madrigaux, d'énigmes, d'acrostiches, émergeait quelque plan de poème plus ambitieux, le *Déluge*, quelque titre de comédie, d'opéra-comique : *A quelque chose hasard est bon.* C'était l'époque où plus d'un écolier brillant rimait sa tragédie sur les bancs du collège : le jeune Hugo fit une *Artamène*, une *Athélie ou les Scandinaves*, et il semblait préluder à ses futures ambitions de réformateur du théâtre en ébauchant un mélodrame à intermèdes, *Inès de Castro*. Tous ces essais n'offraient qu'un mélange assez confus de souvenirs personnels et de lambeaux de lectures : Victor Hugo a donné leur véritable importance à ces premiers bégaiements de sa muse, en écrivant sur un de ces cahiers ce titre spirituel : « Les bêtises que je faisais avant ma naissance. »

Cette vocation littéraire fut contrariée par la volonté paternelle. Le général Hugo voulait faire de son fils un polytechnicien ; et l'écolier, ses études littéraires achevées, suivit les cours de sciences du lycée Louis-le-Grand. Mais il avait déjà cette volonté de fer qui plus tard fera de lui l'exilé irréconciliable. A la date du 10 juillet 1816, il écrivait sur une page du livre où il notait ses impressions de chaque jour : « Je veux être Chateaubriand ou rien. »

En 1817, il envoya au concours annuel pour le prix de poésie décerné par l'Académie française trois cents vers sur le sujet : « Le bonheur que procure l'étude dans toutes les situations de la vie. » Il y faisait allusion à son âge, et avouait ses « trois lustres » ou ses quinze ans avec une modestie orgueilleuse dont la légende a singulièrement exagéré l'effet. On a raconté que les juges du concours, se croyant mystifiés, auraient puni l'auteur de la pièce en lui infligeant une simple mention, au lieu du prix qu'il méritait. Le rapport du secrétaire perpétuel a été consulté par M. Edmond Biré, un des biographes de Hugo les plus préoccupés de diminuer sa gloire ; le document fait justice de l'anecdote. Mais la rectification ne rend pas l'insuccès de Hugo moins piquant. Il est plaisant de savoir que le plus grand lyrique de tous les âges a été classé dans un concours après Lebrun, Delavigne, Loyson, Saintine, une princesse de Salm-Dyck et un chevalier de Langeac. A dater de ce jour, le jeune poète trouva dans quelques académiciens, tels que Campenon, M. de Neufchâteau, des protecteurs qu'il faut nommer, car cet appui, dont il aurait pu se passer, les honore.

Introduit par son frère Abel dans un groupe de gens de lettres, jeunes pour la plupart, et préoccupés de rajeunir la poésie, le roman, l'histoire, Victor Hugo conquit aussitôt une place à part dans ce petit cénacle. On avait projeté de faire en collaboration un volume de nouvelles : le nouveau-venu s'engagea à écrire la sienne en quinze jours, et, au jour dit, il apporta son premier roman, *Bug-Jargal*.

À la même époque, il envoyait au concours poétique des Jeux Floraux trois pièces lyriques qu'on retrouve dans son premier recueil des *Odes : les Vierges de Verdun, le Rétablissement de la statue de Henri IV, Moïse sur le Nil*. Un triple succès lui valut le titre de « maître ès arts, » et c'est à l'occasion de ces débuts que Chateaubriand ou tout autre écrivain appliqua au jeune poète la dénomination « d'enfant sublime » (1).

Au lieu de reprendre sa préparation pour l'entrée à l'École polytechnique, Victor Hugo, sollicité par le besoin d'écrire, fonda un journal, *le Conservateur littéraire*. Tout en suivant les cours de l'Ecole de droit, il groupa autour de lui plusieurs auteurs déjà connus, dont un ou deux pouvaient se dire illustres : c'étaient Emile Deschamps, Alexandre Soumet, Alfred de Vigny, Lamennais, Alphonse de Lamartine. Cette activité qu'il déployait au dehors cachait bien des agitations intimes. Le jeune écrivain voulait épouser la jeune fille qui devint sa femme un peu plus tard, Adèle Foucher. Il était sans fortune ; le général Hugo, irrité de

---

(1) Le mot, attribué à Chateaubriand, est probablement d'Alexandre Soumet.

voir son fils renoncer à la carrière qu'il avait choisie pour lui, avait pensé le réduire ou le châtier en lui supprimant sa pension; pendant un an, comme le Marius des *Misérables*, l'étudiant vécut avec sept cents francs pour toutes ressources. Sa fierté naturelle s'augmentait de l'humeur ombrageuse qui est si souvent le résultat de ces situations précaires; pour un incident futile de café, pour un journal arraché de ses mains un peu trop brusquement, Victor Hugo se battit en duel avec un garde du corps, et il fut blessé au bras gauche. Le souvenir de cette aventure servira à l'auteur dramatique et donnera un caractère de vérité et d'intérêt piquant aux détails du duel dans *Marion De Lorme*.

Victor Hugo n'était plus absolument un inconnu; toutefois il n'aurait pas réussi à publier son premier livre, faute d'argent pour en payer l'impression au libraire, si son frère Abel n'eût fait les frais de la publication. Le livre parut sous le titre *Odes et poésies diverses*. Le roi Louis XVIII, qui se piquait d'aimer les lettres, lut l'ouvrage, et retrouva le nom de l'auteur au bas d'une lettre interceptée, où Victor Hugo offrait un asile à un conspirateur. Il se borna, pour toute marque de sévérité, à donner au poète une pension de mille francs sur sa cassette. Cette faveur décida du mariage tant souhaité (octobre 1822). La joie des noces fut brusquement attristée par un terrible événement. Eugène Hugo, le frère du marié, fut pris d'un accès de folie au milieu de la fête. Le poète, qui avait vu le deuil entrer chez lui par la même porte que le bonheur et presque à la même heure, était fondé à écrire, cinq ans plus tard, que le drame, s'il veut être une image exacte de la vie, ne peut pas séparer le rire des larmes.

L'année 1825 fut marquée par l'apparition de *Han d'Islande*. Ce roman valut à son auteur une nouvelle pension de 2,000 fr. et le fit entrer dans l'intimité d'un homme de lettres dans le salon duquel se rassemblaient des musiciens, des peintres, des sculpteurs, des écrivains déjà célèbres. C'est chez le « bon » Charles Nodier que Victor Hugo se lia d'amitié avec David d'Angers, le statuaire, et avec les peintres Charlet, Louis Boulanger, Eugène Deveria. Cette même année, le jeune poète était fait chevalier de la Légion d'honneur, et son père se réconciliait avec lui, en lui attachant la croix sur la poitrine. Cette réconciliation eut lieu à Blois, où Victor Hugo s'était rendu en toute hâte, et le souvenir de ce voyage se fixera, quelques années après, dans des vers charmants du recueil des *Feuilles d'automne*.

Louis, quand vous irez, dans un de vos voyages,
Voir Bordeaux, Pau, Bayonne et ses charmants rivages,

Toulouse la Romaine, où, dans des jours meilleurs,
J'ai cueilli tout enfant la poésie en fleurs,
Passez par Blois. — Et là, bien volontiers sans doute,
Laissez dans le logis vos compagnons de route,
Et tandis qu'ils joueront, riront ou dormiront,
Vous, avec vos pensers qui haussent votre front,
Montez à travers Blois cet escalier de rues
Que n'inonde jamais la Loire au temps des crues ;
Laissez là le château, quoique sombre et puissant,
Quoiqu'il ait à la face une tache de sang ;
Admirez, en passant, cette tour octogone
Qui fait à ses huit pans hurler une gorgone ;
Mais passez. — Et sorti de la ville, au midi,
Cherchez un tertre vert, circulaire, arrondi,
Que surmonte un grand arbre, un noyer, ce me
[semble,
Comme au cimier d'un casque une plume qui tremble.
Vous le reconnaîtrez, ami, car, tout rêvant,
Vous l'aurez vu de loin sans doute en arrivant.
Sur le tertre monté, que la plaine bleuâtre,
Que la ville étagée en long amphithéâtre,
Que l'église, ou la Loire et ses voiles aux vents,
Et ses mille archipels plus que ses flots mouvants,
Et de Chambord là-bas au loin les cent tourelles,
Ne fassent pas voler votre pensée entre elles.
Ne levez pas vos yeux si haut que l'horizon,
Regardez à vos pieds.... —
              Louis, cette maison
Qu'on voit, bâtie en pierre et d'ardoise couverte,
Blanche et carrée, au bas de la colline verte,
Et qui, fermée à peine aux regards étrangers
S'épanouit charmante entre ses deux vergers,
C'est là. — Regardez bien. C'est le toit de mon père.
C'est ici qu'il s'en vint dormir après la guerre,

Celui que tant de fois mes vers vous ont nommé,
Que vous n'avez pas vu, qui vous aurait aimé !

Alors, ô mon ami, plein d'une extase amère,
Pensez pieusement, d'abord à votre mère,
Et puis à votre sœur, et dites : « Notre ami
Ne reverra jamais son vieux père endormi ! »

D'autres voyages suivirent de près celui de Blois. Victor Hugo se rendit à Reims, à l'occasion du Sacre de Charles X ; il fit un détour pour visiter Lamartine à Saint-Point. Il suivit Nodier en Suisse, dans une excursion payée par l'éditeur Canel, qui se réservait de publier la relation des deux touristes. Un accident de voiture manqua de les faire périr, et la faillite de l'éditeur arrêta le projet de publication de l'ouvrage.

Le mois de février 1827 marque un des moments caractéristiques de la vie de Victor Hugo. Il envoya au *Journal des Débats*, organe libéral sous la Restauration, sa fameuse *Ode à la colonne de la place de Vendôme*. Elle fut inspirée à l'auteur par un sentiment de patriotisme indigné. Dans une réception à l'ambassade d'Autriche, on avait refusé d'annoncer les Maréchaux de France en nommant les titres de noblesse napoléonienne, qui semblaient instituer des fiefs à l'étranger. Le fils de la Vendéenne s'était borné jusqu'à ce jour à célébrer

le trône et l'autel, le double culte de sa mère ;
le fils du vieux soldat ne vit plus devant lui que
l'image de la France, d'abord conquérante,
toute-puissante, puis vaincue, accablée par la
coalition, aujourd'hui injuriée, provoquée de
nouveau par cet outrage à ses vétérans glorieux. Avec un élan poétique qui avait l'allure
emportée d'un assaut, avec des expressions,
des traits, des chutes de strophes qui semblaient des éclairs d'épée, il menaçait l'étranger
du réveil de la nation assoupie :

On nous a mutilés ; mais le temps a peut-être
    Fait croître l'ongle du lion.
. . . . . . . . . . . . . . . . . . . . . .
Prenez garde ! — La France, où grandit un autre âge,
N'est pas si morte encor qu'elle souffre un outrage !
Les partis pour un temps voileront leur tableau.
Contre une injure, ici, tout s'unit, tout se lève,
Tout s'arme, et la Vendée aiguisera son glaive
    Sur la pierre de Waterloo...

Que l'Autriche en rampant de nœuds vous environne,
Les deux géants de France ont foulé sa couronne !
L'histoire, qui des temps ouvre le Panthéon,
Montre empreints aux deux fronts du vautour d'Alle-
                                   [magne
    La sandale de Charlemagne,
    L'éperon de Napoléon.

Allez ! — Vous n'avez plus l'aigle qui, de son aire,
Sur tous les fronts trop hauts portait votre tonnerre ;

Mais il vous reste encor l'oriflamme et les lis.
Mais c'est le coq gaulois qui réveille le monde ;
Et son cri peut promettre à votre nuit profonde
    L'aube du soleil d'Austerlitz!

Une fois évoqué par le poète, le souvenir de Napoléon devait pendant longtemps hanter son imagination. Nous voyons déjà que, chez V. Hugo comme chez tous les hommes de son temps, le libéralisme a commencé par l'admiration de la légende impériale et par le regret d'un passé dont l'éloignement avait déjà presque effacé les misères et les tristesses.

La réputation venait à Hugo, et il n'en était plus réduit à colporter ses manuscrits chez des libraires dédaigneux. L'acteur Talma s'offrit à jouer un rôle dramatique écrit par l'auteur de *Bug-Jargal*, de *Han d'Islande*. Le poète entreprit son *Cromwell*. Talma mourut avant que l'œuvre fût finie ; l'espoir d'une représentation immédiate s'en allait avec lui. Victor Hugo, renonçant à l'idée de porter le drame à la scène, le développa tout à son aise. Il écrivit une préface, où ses théories dramatiques se trouvaient exposées, et le livre parut en décembre 1827. Il souleva les applaudissements des uns, les clameurs irritées des autres. Ce fut le signal de la guerre littéraire entre les romantiques et les classiques. Victor Hugo fut reconnu le chef de l'école nouvelle;

autour de lui se rangèrent tous les soldats pleins de talents dont se composa le groupe appelé le cénacle : Alfred de Vigny, les deux Deschamps, Sainte-Beuve, Alfred de Musset, alors à ses débuts, Théophile Gautier. Mérimée, l'illustre conteur, allait de ce groupe littéraire au groupe des politiques, où dominaient les figures de Benjamin Constant, de Stendhal (Henri Beyle). Il y présenta Victor Hugo.

Au mois de janvier 1829 parurent les *Orientales*. L'impression que produisit ce volume de vers, musical comme une riche symphonie, coloré comme le chef-d'œuvre d'un peintre, fut immense. C'était un nouveau monde poétique, dont la flore éblouissante ou la faune monstrueuse surgissaient tout à coup devant les regards des lecteurs. Quelques jours après, au mois de février, paraissait ce récit en prose, d'une émotion poignante jusqu'à la souffrance, le *Dernier jour d'un condamné*. La même main qui venait de jeter au public une œuvre lyrique et un pamphlet, apportait un drame. *Marion De Lorme* fut refusé par la censure, et le poète ne put obtenir ni du ministre, M. de Martignac, ni du roi Charles X, qu'il visita à ce sujet, le retrait de l'interdiction jetée sur une œuvre où l'on peignait un roi de France avec les couleurs peu flatteuses de la vérité. Faute de pouvoir produire cet ouvrage dramatique, Victor Hugo en donna un second : le 25 février 1830, *Hernani* fut représenté au Théâtre-Français. Nous reviendrons sur cette œuvre capitale ; il faut rappeler ici l'effet prodigieux qu'elle produisit sur les contemporains. *Hernani* fut pour eux ce que fut le *Cid* pour la génération qui versa d'héroïques pleurs aux premiers vers tragiques de Corneille.

Entre la représentation d'*Hernani* et celle de *Marion De Lorme*, qui eut lieu après la chute des Bourbons, le 11 août 1831, au théâtre de la Porte-Saint-Martin, Victor Hugo publia le grand roman de *Notre-Dame de Paris* et le poème des *Feuilles d'automne*. Le roman a gardé l'immortelle saveur de la poésie ; le poème eut, dès le premier jour, la vogue d'une œuvre romanesque.

De 1832 à 1836, Victor Hugo produisit quatre drames : *Le roi s'amuse*, interdit par le pouvoir royal sous prétexte d'immoralité, et qui n'eut qu'une représentation, puis *Lucrèce Borgia*, *Marie Tudor*, *Angelo*, œuvres dramatiques écrites en prose ; un nouveau pamphlet sous forme de récit, *Claude Gueux* ; un quatrième recueil de vers, les *Chants du Crépuscule* ; un volume de critique sous le titre de *Littérature et Philosophie mêlées* ; un opéra tiré de *Notre-Dame de Paris*, la *Esméralda*. De l'été de 1837 au printemps de 1840, il donna un drame, *Ruy-Blas*, et deux recueils de poésies lyriques, *les Voix Intérieures*, *les Rayons et les Ombres*. Le 2 juin 1841, il prononçait son discours de réception à l'Académie française. Il n'y entrait qu'après avoir échoué trois fois, et s'être vu préférer des littérateurs comme Cabaret-Dupaty, le comte Molé et Flourens.

L'année 1843 fut marquée par un grand échec littéraire de Victor Hugo, et par le premier de ces revers douloureux qui devaient affliger sa vie en le frappant successivement dans ses plus chères affections. La trilogie dramatique des *Burgraves* fut représentée au Théâtre-Français, et tomba devant l'indifférence d'un public à qui la curieuse banalité des intrigues et des imbroglios de Scribe suffisait. La chute de la pièce eut lieu au printemps. Le poète l'oubliait dans la joie d'un mariage récent entre sa fille Léopoldine et Charles Vacquerie, frère de l'éminent écrivain qui écrira *Jean Baudry*, les *Funérailles de l'honneur*, et *Profils et Grimaces*. Par une admirable matinée d'automne, les jeunes mariés montèrent en bateau à Villequier, sur la Seine. Quelle fatalité s'abattit sur ce couple heureux? On ne retrouva que deux cadavres.

Il y eut à ce moment de l'existence si vaillante de Hugo quelques heures découragées. Le poète laissa échapper plus d'une parole d'amertume; il eut même l'idée d'abandonner son labeur d'écrivain. Afin d'échapper à l'égoïste contemplation de ses douleurs intimes, il jugea opportun de se mêler à la vie politique, dont jusqu'alors il n'avait été que le spectateur passionnément attentif, et généreusement ému.

On aurait pu d'avance déterminer sa ligne de conduite. Il avait manifesté ses opinions dès l'année 1835 en rédigeant le programme du journal *la Presse*, que fondait Emile de Girardin. Il voyait dans la monarchie constitutionnelle et élue par le peuple une sorte de régime transitoire entre la monarchie absolue qui avait fait son temps, et la souveraineté du peuple, pour laquelle les temps n'étaient pas encore venus. Il croyait à la mission sociale du poète : il assimilait l'inspiration poétique à une sorte de conscience supérieure, d'instinct infaillible, dont la voix devait avertir les faibles de leurs droits, les forts de leurs devoirs. A ses yeux, le poète avait un rôle auguste à remplir, et comme un sacerdoce à exercer. Il devait prêcher la justice et faire appel à la clémence. C'est ainsi que, le 12 juillet 1839, à minuit, la veille même de l'exécution de Barbès, Victor Hugo s'introduisait aux Tuileries et faisait remettre au roi Louis-Philippe sa première demande de grâce, à laquelle tant d'autres devaient succéder :

Par votre ange envolée ainsi qu'une colombe !
Par ce royal enfant, doux et frêle roseau !

Grâce encore une fois ! grâce au nom de la tombe !
Grâce au nom du berceau !

Dans l'espoir de servir plus efficacement les misérables de tout ordre, Victor Hugo accepta d'être présenté à la cour ; il eut des entrevues avec le roi ; il reçut, sans l'avoir brigué, le titre de pair de France. Son action politique, servie par un grand talent oratoire, se marqua dans la Chambre haute par plusieurs discours restés fameux. De 1846 à 1848, Victor Hugo défendit les intérêts et l'indépendance des auteurs, en définissant les limites de la propriété littéraire que Voltaire avait tant contribué à établir ; il éleva la voix en faveur de la Pologne opprimée; il soutint avec un patriotique bon sens le projet de défense du littoral français ; il céda à un sentiment de dangereuse pitié, il obéit à une maxime de libéralisme maladroit dont, à vrai dire, il fit bientôt l'expiation, en demandant pour les Bonaparte le droit de rentrer dans la patrie française. Il justifia ce qu'il avait dit du sens prophétique des poètes en signalant le danger que faisait courir à l'ordre social l'oppression des classes laborieuses. Les sceptiques qui virent peu après les feux de l'émeute rayer les rues de Paris soulevé, durent regretter d'avoir souri et répété le mot de Charles X : « ô poète ! » le jour où le poète en effet, avec sa puissance d'images, leur montrait ce fond d'humanité formé par les générations déshéritées ouvrant brusquement un abime où tout ce qui semblait inébranlable courait risque de s'engloutir.

La dynastie des Orléans s'effondra au mois de février 1848. Elu représentant du peuple à Paris le 5 juin, Victor Hugo eut le courage de ne pas flatter la démagogie. Il combattit la mesure des *ateliers nationaux*, et, une fois de plus, il sembla prédire l'avenir en montrant le danger qu'il y aurait à transformer les ouvriers « en prétoriens de l'émeute au service de la dictature. » Après avoir, en quelque sorte, montré à la liberté ses bornes naturelles, il la défendit sous toutes les formes, et parla successivement pour la liberté de la presse, pour la levée de l'état de siège, pour l'abolition de la peine de mort, pour le maintien des subventions littéraires et artistiques, enfin pour le projet d'achèvement du palais du Louvre, qui était, selon lui, une demeure désignée pour l'Institut.

Les élections faites en mai 1849 envoyèrent Victor Hugo à l'*Assemblée législative* en qualité de représentant de Paris. Son libéralisme s'accentua davantage, et, à partir de ce moment, il fut le républicain qu'il est toujours resté. A partir de ce moment aussi, il tourna toute son attention vers le problème social, et affirma qu'on devait en chercher, qu'on pouvait en trouver la solution. « Je suis de ceux, disait-il, qui pensent et espèrent qu'on peut supprimer la misère. » Sa part dans les travaux de cette seconde Assemblée fut très active. Il prit la parole sur la question de la liberté de l'enseignement, sur celle du suffrage universel, sur celle de la révision de la Constitution. Il s'éleva contre le châtiment de la déportation avec la même éloquence qu'il avait mise à flétrir la peine de mort. Il dénonça aux représentants du pays les projets latents du prince Bonaparte, protesta contre la dotation qu'il réclamait, et prit déjà vis-à-vis du conspirateur une attitude de défiance que le coup d'État ne devait pas tarder à justifier.

Le 2 décembre, Victor Hugo dicta au député Baudin, qu'il retrouva mort le lendemain à la barricade du faubourg Saint-Antoine, la mise hors la loi du prince Louis Bonaparte. Il fut traqué, mais le dévouement de ses amis réussit à le soustraire aux poursuites. Il ne quitta Paris que quand la lutte fut consommée ; il s'était montré à plusieurs barricades, rue Montorgueil, rue Mauconseil, rue Tiquetonne ; il avait le droit de chercher dans l'exil un refuge contre de plus odieux châtiments. Il trouva un premier asile à Bruxelles, où il écrivit l'*Histoire d'un crime*. La publication de ce livre, retardée vingt-cinq ans, trouvera sa place naturelle le jour où une autre République sera minée par des conspirations dites d'ordre moral et menacée d'un nouveau coup d'Etat. La Belgique se fit un triste honneur de rejeter le proscrit : on imagina une loi, la loi Faider, pour expliquer ce regain de persécution. Le 5 août, après avoir traversé Anvers, et touché en Angleterre, Victor Hugo débarqua sur le roc des îles anglo-normandes.

Parti pour l'exil vers le milieu de décembre de l'année 1852, Victor Hugo ne rentrera en France qu'à la chute du régime impérial, le 4 septembre 1870, jour anniversaire de la mort de sa fille Léopoldine. En quittant son pays, Victor Hugo était l'un des trois ou quatre grands poètes de son temps; en y rentrant, il était l'un des trois ou quatre grands poètes de tous les âges. Ce n'est plus au-dessus des Lamartine, des Vigny, des Musset qu'il semblait s'élever; c'est à côté et au niveau d'Homère, de Dante, de Shakespeare.

Le bienfait de la solitude avait opéré cette transformation. Il est bon pour les hommes de pensée de se trouver, à un certain moment de l'existence, jetés, par les événements ou par leur propre volonté, en dehors des agitations de la foule. L'Américain Emerson, poète aussi, a rendu cette idée par une image expressive. Selon lui, ce qui par-dessus tout élève, agrandit

LA MAISON DE VICTOR HUGO
à *Hauteville-House* (Guernesey).

l'esprit du penseur, c'est de s'asseoir à l'écart, comme le sphinx des sables, et de « regarder s'écouler un long lustre pythagoricien. » C'est dix-huit années, une grande partie de l'existence humaine, que Victor Hugo a passées en face de la mer inspiratrice, et pendant ce temps de paix, de contemplation, de loisirs studieux, il a produit ses plus admirables ouvrages.

L'année 1853 vit paraître *les Châtiments*. Le poète habitait alors à Jersey, dans cette maison de Marine-Terrace à toit plat, à balcons, protégée par un long mur, qu'à certains jours franchissait l'écume des vagues. Expulsé de Jersey, il se réfugia à Guernesey, où il s'installa dans Hauteville-House. Ce séjour a été bien souvent décrit. Au-dessus de la maison meublée curieusement, à l'antique, s'élevait le *look-out*, une chambre vitrée, sorte d'observatoire, de fenêtre ouverte sur les quatre points de l'horizon. C'est là que le poète venait s'exalter au spectacle toujours nouveau, toujours émouvant de l'océan et du ciel agités ou paisibles. C'est là que sont nés vingt chefs-d'œuvre. C'est là que l'idée de presque tous les écrits parus même après le retour en France est venue à Victor Hugo. Plus d'un intime a pu lire, au début de l'exil, sur les cahiers du grand écrivain, les titres d'œuvres publiées près de trente ans plus tard, comme les *Quatre vents de l'esprit,* comme *Torquemada.*

Aux *Châtiments,* chef-d'œuvre issu des circonstances, succédèrent les *Contemplations*, œuvre mûrie avec lenteur, et dont certaines parties remontaient à plus de vingt ans en arrière. Victor Hugo a donné des *Contemplations* cette définition qui dit tout : les Mémoires d'une âme.

L'amnistie offerte aux proscrits par le régime impérial fut repoussée par Victor Hugo. Tout le monde a répété son vers devenu proverbial :

> Et s'il n'en reste qu'un, je serai celui-là !

Il a exprimé les raisons de son refus dans cette autre formule : « Quand la liberté rentrera, je rentrerai. » Sa pensée continuait à franchir le détroit qui le séparait de la terre natale. Il envoyait le meilleur de lui-même à ses compatriotes. Mais le public banal et la presse vénale, que les *Châtiments* venaient d'irriter, que les *Contemplations* n'avaient pu émouvoir, étaient incapables de s'émerveiller devant ce prodige de résurrection qui s'appelle la *Légende des siècles.*

Jeté en dehors de la patrie française, Victor Hugo se fit concitoyen de tous les pays, comme il s'était déjà fait contemporain de tous les âges. Par delà les mers, il tendait la main à Garibaldi et lui prêtait, à défaut d'épée, l'appui des souscriptions. Il élevait la voix en faveur de John Brown; il arrachait au gibet les condamnés de Charleroi; il répondait au Russe Herzen; il réconfortait les proscrits de toute nation, tournés vers lui, comme vers une étoile. Enfin il tirait de son cœur ému les *Misérables*, ce roman colossal qui devait exciter l'admiration de la France, de l'Europe et du monde.

Son fils François-Victor travaillait à une œuvre restée unique dans son genre, la traduction complète et littérale de Shakespeare. Un an avant que cette traduction parût, Victor Hugo donna, en guise de préface, tout un volume en prose, l'étude critique intitulée *William Shakespeare*. En 1865 parurent les *Chansons des rues et des bois*, recueil lyrique qu'on a défini heureusement « le printemps qui fait explosion. »

En 1866 parut le roman des *Travailleurs de la mer*, moins vaste, mais aussi puissant et plus parfait que les *Misérables*. Et au moment où l'auteur semblait le plus absorbé par les fantômes que créait, qu'animait son imagination, il ressentait l'émotion de toutes les grandes choses qui se faisaient en Europe au nom du droit et de la justice pour le bonheur ou l'honneur de l'humanité. Il était de la commission chargée d'élever une statue au philanthrope Beccaria; il envoyait l'hommage de ses vers au centenaire de Dante; il demandait au gouvernement britannique la grâce des rebelles d'Irlande ou fenians, et il était assez heureux pour l'obtenir; il demandait vainement aux Mexicains révoltés la grâce de leur roi détrôné, Maximilien.

La renommée littéraire de Victor Hugo était une renommée européenne, universelle. Quand la France convia l'univers entier à venir dans les murs de Paris, à l'occasion de l'exposition de 1867, elle s'adressa au proscrit pour écrire les premières pages d'un livre auquel une élite d'écrivains français collabora. Les Parisiens eurent la surprise de trouver au bas de la préface de *Paris-Guide* le nom de Victor Hugo. Il n'en fallut pas davantage aux directeurs de théâtre pour s'attacher aussitôt à remonter ses pièces. Un vent d'opposition à l'Empire commençait à s'élever. La reprise d'*Hernani* à la Comédie-Française, le 20 juin, provoqua des acclamations d'enthousiasme. L'Odéon préparait, de son côté, une reprise de *Ruy Blas*. Le gouvernement s'inquiéta. Il interdit la représentation de *Ruy Blas*, et fit retirer *Hernani* de l'affiche.

L'année suivante fut affligée par des deuils domestiques. Victor Hugo vit mourir son premier petit-fils, et il perdit sa femme.

En 1879, il envoyait un nouveau roman, *l'Homme qui rit*, pour servir de feuilleton à un

journal nouveau, *le Rappel,* fondé par les deux
fils du poète, avec la collaboration d'Henri Rochefort, d'Auguste Vacquerie, de Paul Meurice.
Ce journal fut un des béliers qui ébranlèrent
l'absolutisme impérial. L'année d'après, le plébiscite eut lieu. La guerre avec la Prusse fut
déclarée; les défaites se succédèrent; la révolution du 4 septembre détrôna « l'homme de décembre, » et Victor Hugo vint réclamer sa place
sur le sol de la patrie envahie. Il rentra dans
la capitale assez tôt pour assister au siège. Le
20 octobre, une édition des *Châtiments* paraissait à Paris; les droits d'auteur du premier tirage furent offerts à la souscription pour les
canons. Deux lectures publiques du livre eurent
lieu aux théâtres de la Porte-Saint-Martin et de
l'Opéra. Avec le produit des places on fit deux
canons, le *Victor Hugo* et le *Châtiment.* « Usez
de moi comme vous voudrez pour l'intérêt public, disait le poète ; dispensez-moi comme
l'eau. » Il s'est dépeint lui-même, dans cette
page de l'*Année terrible* écrite le 1ᵉʳ janvier 1871 :

Enfants, on vous dira plus tard que le grand-père
Vous adorait ; qu'il fit de son mieux sur la terre,
Qu'il eut fort peu de joie et beaucoup d'envieux,
Qu'au temps où vous étiez petits il était vieux,
Qu'il n'avait pas de mots bourrus ni d'airs moroses,
Et qu'il vous a quittés dans la saison des roses ;
Qu'il est mort, que c'était un bonhomme clément ;

Que dans l'hiver fameux du grand bombardement,
Il traversait Paris tragique et plein d'épées,
Pour vous porter des tas de jouets, des poupées,
Et des pantins faisant mille gestes bouffons ;
Et vous serez pensifs sous les arbres profonds.

Il faut relire aussi la pièce qui a pour titre :
« Lettre à une femme. Par ballon monté, 10 janvier ». Elle rend à la fois la physionomie du siège et l'état d'âme du poète, qui était venu communiquer aux assiégés sa flamme d'héroïsme.

. . . . . . . . . . . . . . . . . .

Moi, je suis là, joyeux de ne voir rien plier.
Je dis à tous d'aimer, de lutter, d'oublier,
De n'avoir d'ennemi que l'ennemi ; je crie :
« Je ne sais plus mon nom, je m'appelle Patrie ! »
Quant aux femmes, soyez très fière, en ce moment
Où tout penche, elles sont sublimes simplement.
Ce qui fit la beauté des Romaines antiques,
C'étaient leurs humbles toits, leurs vertus domestiques,
Leurs doigts que l'âpre laine avait faits noirs et durs,
Leurs courts sommeils, leur calme, Annibal près des murs,
Et leurs maris debout sur la porte Colline.
Ces temps sont revenus. La géante féline,
La Prusse tient Paris, et, tigresse, elle mord
Ce grand cœur palpitant du monde à moitié mort.
Eh bien ! dans ce Paris, sous l'étreinte inhumaine,
L'homme n'est que Français, et la femme est Romaine.
Elles acceptent tout, les femmes de Paris,
Leur âtre éteint, leurs pieds par le verglas meurtris,
Au seuil noir des bouchers les attentes nocturnes,

La neige et l'ouragan vidant leurs froides urnes,
La famine, l'horreur, le combat, sans rien voir
Que la grande patrie et que le grand devoir ;
Et Juvénal (1) au fond de l'ombre est content d'elles.

Après le siège, le Tyrtée de Paris vaincu fut envoyé à l'Assemblée nationale par plus de deux cent mille voix. Son attitude l'y rendit vite impopulaire. Il parla contre la paix ; il demanda que les députés d'Alsace-Lorraine gardassent leur siège de représentants ; il protesta contre le transfert du gouvernement hors de Paris. Il souleva de tels orages, que, le 8 mars, après avoir longtemps occupé la tribune au milieu du tumulte, il donna sa démission de député. Mais en renonçant à son mandat, il n'abandonnait pas la défense de ce qui lui semblait la vérité.

Un mois après la perte de son fils Charles, qui mourut à Bordeaux le 13 mars, d'une rupture d'anévrisme, Victor Hugo, retenu à Bruxelles par les intérêts de ses petits-enfants dont il fallait régler la succession, apprenait par les journaux les tragiques horreurs de la guerre civile, et une fois de plus il poussait son superbe appel à la concorde, à la clémence. Le 15 avril, dans la pièce intitulée *Un cri*, il disait :

Combattants ! combattants ! qu'est-ce que vous voulez ?
Vous êtes comme un feu qui dévore les blés,

---

(1) Juvénal, poète satirique latin.

Et vous tuez l'honneur, la raison, l'espérance !
Quoi ! d'un côté la France et de l'autre la France !
Arrêtez ! c'est le deuil qui sort de vos succès.
Chaque coup de canon de Français à Français
Jette — car l'attentat à sa source remonte, —
Devant lui le trépas, derrière lui la honte.
Verser, mêler, après Septembre et Février,
Le sang du paysan, le sang de l'ouvrier,
Sans plus s'en soucier que de l'eau des fontaines !
Les Latins contre Rome et les Grecs contre Athènes !
Qui donc a décrété ce sombre égorgement ?

Dans la pièce intitulée *Pas de représailles*, une semaine après, il protestait, avec une éloquence admirable, contre la loi du talion :

Non, je n'ai pas besoin, Dieu, que tu m'avertisses ;
Pas plus que deux soleils je ne vois deux justices ;
Nos ennemis tombés sont là ; leur liberté
Et la nôtre, ô vainqueurs, c'est la même clarté.
. . . . . . . . . . . . . . . . . . . . . .
Quoi ! bannir celui-ci, jeter l'autre aux bastilles !
Jamais ! Quoi ! déclarer que les prisons, les grilles,
Les barreaux, les geôliers et l'exil ténébreux,
Ayant été mauvais pour nous, sont bons pour eux !
Non, je n'ôterai, moi, la patrie à personne ;
Un reste d'ouragan dans mes cheveux frissonne.
On comprendra qu'ancien banni, je ne veux pas
Faire en dehors du juste et de l'honnête un pas ;
J'ai payé de vingt ans d'exil ce droit austère
D'opposer aux fureurs un refus solitaire
Et de fermer mon âme aux aveugles courroux ;
Si je vois les cachots sinistres, les verrous,

Les chaînes menacer mon ennemi, je l'aime,
Et je donne un asile à mon proscripteur même...

La même voix, qui cherchait à fléchir par avance les rigueurs des assiégeants, flétrit, le jour venu, le stupide vandalisme des assiégés qui renversaient la colonne Vendôme et mettaient le feu aux merveilleux monuments de Paris.

Si la Prusse à l'orgueil sauvage habituée,
Voyant ses noirs drapeaux enflés par l'aquilon,
Si la Prusse, tenant Paris sous son talon,
Nous eût crié : — Je veux que vos gloires s'enfuient.
Français, vous avez là deux restes qui m'ennuient,
Ce pilastre d'airain, cet arc de pierre ; il faut
M'en délivrer ; ici, dressez un échafaud,
Là, braquez des canons ; ce soin sera le vôtre.
Vous démolirez l'un ; vous mitraillerez l'autre.
Je l'ordonne. — O fureur ! comme on eût dit : Souffrons !
Luttons ! C'est trop ! ceci passe tous les affronts !
Plutôt mourir cent fois ! nos morts seront nos fêtes !
Comme on eût dit : Jamais ! jamais ! —
      Et vous le faites !

Ces vers étaient écrits à la date du 6 mai dans la pièce qui a pour titre *Les deux trophées*. Dans *Paris incendié* éclataient d'autres reproches non moins indignés.

O torche misérable, abjecte, aveugle, ingrate !
Quoi ! disperser la ville unique à tous les vents !
Ce Paris qui remplit de son cœur les vivants,

Et fait planer qui rampe et penser qui végète !
Jeter au feu Paris comme le pâtre y jette,
En le poussant du pied, un rameau de sapin !
. . . . . . . . . . . . . . .
Pour qui travaillez-vous ? où va votre démence ?

Mais, tout en répudiant le crime, le poète avait encore plus de pitié que de haine pour les criminels ; il leur accordait le bénéfice des circonstances atténuantes, l'ignorance, la misère, l'inconscience.

Il fit plus que de solliciter la clémence pour les vaincus ; il leur offrit un asile, pour protester contre l'attitude du gouvernement belge qui leur refusait le titre de réfugiés politiques. Lui-même fut expulsé, après avoir vu sa maison assaillie et ses fenêtres lapidées par la jeunesse réactionnaire. Il revint en France, et dès que le journal *le Rappel* reparut, il y écrivit un mot que personne n'osait encore prononcer : amnistie.

Victor Hugo atteignait ses soixante-dix ans. Chez la plupart des hommes, cet âge est celui du repos absolu et, trop souvent, de la caducité. Pour le grand poète, ce fut comme le début d'une renaissance, et pendant treize années encore il n'a cessé de produire, pareil à ces chênes plusieurs fois séculaires, dont le trône usé et dévoré menace ruine, mais dont la cime continue à verdir sous l'influence d'une sève circulant comme par miracle à travers les puissants rameaux.

L'*Année terrible*, qui avait été écrite au jour le jour entre le mois d'août 1870 et le mois de juillet 1871, parut au printemps de 1872. Certains vers, qui avaient été supprimés à cause de l'état de siège, furent rétablis dans les éditions ultérieures. En septembre 1873, Victor Hugo ajoutait à son livre une dernière page admirable d'émotion patriotique, et dont un seul vers ne saurait être retranché : la *Libération du territoire*. Aucune pièce ne justifie mieux ce que l'ancien proscrit Eugène Despois écrivait de l'*Année terrible* à son apparition : « Et maintenant, ô nos vainqueurs, vous avez conquis des milliards, des provinces, et les fracas des triomphes ; il ne vous manque parmi tout cela qu'un rien, une superfluité, un accessoire, je veux dire un poète qui chante vos victoires comme nous en avons un pour pleurer nos désastres. »

Le besoin d'oublier les tristesses et les hontes de l'heure présente poussa le poète à regarder vers ce passé si glorieux où la France tenait tête à l'Europe coalisée ; il se consola en remuant les souvenirs

De tous nos ouragans, de toutes nos aurores
Et des vastes efforts des Titans endormis.

A la fin de l'année 1874, le grand roman, ou, pour mieux dire, l'épopée en prose de *Quatre-vingt-treize* paraissait. Ce livre avait été écrit en cinq mois et vingt-sept jours.

Le 30 janvier 1875, Victor Hugo était repris par les occupations de la politique. Un siège de sénateur lui était offert par les électeurs de Paris. Ce fut pour lui l'occasion de réunir les écrits de la seconde et de la troisième série des *Actes et paroles*. Ces écrits furent publiés avec les sous-titres *Pendant l'exil, Depuis l'exil*.

Le 26 février 1877, Victor Hugo donnait les deux volumes de la *Seconde légende des siècles*, et, le 14 mai, l'*Art d'être grand-père*. Le poète achevait à peine de parler, que le politique reprenait la plume pour conjurer les périls du présent en achevant le récit toujours frémissant des attentats passés. Le 1ᵉʳ octobre, l'*Histoire d'un crime* sortait des presses, et contribuait à faire avorter une conspiration. La suite de l'ouvrage parut au printemps de l'année suivante.

D'avril 1878 à octobre 1880, Victor Hugo écrivit quatre poèmes qui forment comme les quatre parties d'un système philosophique dont nous donnerons ailleurs l'explication aisée. Ces poèmes ont pour titres *le Pape, la Pitié suprême, Religions et Religion, l'Ane*.

Il semblait que la source fût épuisée. Comme si le poète eût abdiqué, on fêta triomphalement l'anniversaire de sa 80ᵉ année. Vivant, on l'honora comme le plus illustre des morts. On avait déjà célébré la cinquantaine d'*Hernani*, et renouvelé à ce propos les ovations que Paris fit à Voltaire à l'occasion de la pièce d'*Irène*. On dépassa de beaucoup ces hommages le jour anniversaire de la 80ᵉ année du poète. Mais cette manifestation, si spontanée et si frappante qu'elle fût, le cède encore au spectacle inouï que, trois années plus tard, devaient offrir les funérailles. Pourtant ce ne fut pas une pompe vulgaire que cette démarche de la ville de Paris, venant, par la bouche du préfet de la Seine, Hérold, lire à Victor Hugo le double décret qui attribuait son nom à une rue et à une place de la capitale française.

Victor Hugo répondit à ces honneurs quasi posthumes en donnant une éclatante preuve de vitalité; le même mois de la même année (mai 1881), il publiait les *Quatre vents de l'esprit*, cet ouvrage dont la partie satirique rappelait les *Châtiments*, et par endroits les égalait sans les imiter, dont la partie tragique avait la fraîcheur des premiers drames et rayonnait de la même lumière idéale qu'*Hernani* ou *Marion De Lorme*, dont la partie lyrique semblait neuve après les *Orientales*, les *Feuilles d'automne*, les *Chansons des rues et des bois*, dont la partie épique apportait aux lecteurs et aux poètes à venir les éléments d'un merveilleux qui égalait, dans sa puissante nouveauté, celui des Milton et celui des Homère.

Un an plus tard, *Torquemada* paraissait, et inaugurait une nouvelle série d'œuvres dont les titres seuls furent connus du vivant de Hugo. Plusieurs de ces écrits posthumes ont été édités par les soins des fidèles compagnons d'exil du poète, Auguste Vacquerie et Paul Meurice. Le *Théâtre en liberté*, publié tout d'abord, n'a rien ôté, mais n'a rien ajouté à l'idée qu'on pouvait se faire des ressources du poète dans la fantaisie dramatique. Aucune pièce de ce volume ne surpasse le chef-d'œuvre dramatique des *Quatre vents de l'esprit*, la seconde trouvaille de Gallus. Quant à l'épopée *Miltonienne* qui s'appelle *la Fin de Satan*, c'est une superbe ébauche, rappelant, en certaines parties, pour l'exécution impeccable, la merveille des *Châtiments*.

Victor Hugo est mort à 83 ans deux mois vingt-six jours, à la date du 23 mai 1885. Il s'en est allé, selon sa prophétie, « dans la saison des roses ». Il repose au Panthéon, où tout un peuple l'a conduit ; jamais triomphe d'empereur n'a égalé la majesté de ces obsèques de poète.

Dans cette étude détaillée de la longue et laborieuse vie de Victor Hugo, nous n'avons pas tracé un seul portrait de lui. Mais quel lecteur ne se représente, au seul nom de Hugo, un beau vieillard aux cheveux blancs, droits et serrés, au large front bombé, et comme agrandi par l'effort de la réflexion ! Ceux qui ont eu le bonheur d'approcher l'homme, n'oublieront jamais ses yeux, d'une couleur un peu insaisissable, mais singulièrement lumineux et vivants ; ils entendent encore, dans leur mémoire, l'accent profond de sa voix au timbre très pur ; ils resteront toujours sous le charme de sa bonté.

C'est là le Hugo des dernières années, celui du quatrième âge, semblable à quelque aède grec, qui se plaît dans les longs récits : c'est le Hugo des épopées.

Si nous remontions de vingt-cinq ans en arrière, jusqu'au milieu de la période d'exil, nous rencontrerions, sur la grève de Guernesey, un promeneur solitaire, dialoguant avec le vent, avec la houle de la mer, et, comme l'antique orateur, jetant aux flots en rumeur des lambeaux de satire.

Théophile Gautier compare le Hugo de cette époque à un lion. « Son front, coupé de plis augustes, secoue une crinière plus longue, plus épaisse et plus formidablement échevelée.... Ses yeux jaunes sont comme des soleils dans des cavernes ; et, s'il rugit, les autres animaux se taisent. »

Cette attitude farouche de l'exilé répond à l'accent des poèmes que lui soufflait alors l'indignation ; il semblait que le charbon dont parle Isaïe eût brûlé ses lèvres, et à voir ses traits comme irréconciliables, on se souvenait des prophètes hébreux.

Trente ans plus tôt, Victor Hugo vient de remporter la grande victoire d'*Hernani*. Son chef-d'œuvre dramatique a soulevé les acclamations de tout ce qu'on nommait la jeune France. David d'Angers, le statuaire, va sculpter ce visage de poète triomphateur ; il lui donnera la sereine beauté d'un marbre antique ; mais les marbres antiques ne pensent pas ; devant le buste moderne, on devine quel flot d'idées, d'images, de symboles bouillonne sous ce vaste front couronné de lauriers.

Dix ans auparavant, Lamartine, déjà tout rayonnant de gloire, allait visiter Hugo, dont il avait lu et apprécié les premiers vers. « Dans une maison obscure, au fond d'une cour, au rez-de-chaussée, une mère grave, triste, affairée, faisait réciter des devoirs à des enfants de différents âges : c'étaient ses fils. Elle nous ouvrit une salle basse, un peu isolée, au fond de laquelle un adolescent studieux, d'une belle tête lourde et sérieuse, écrivait ou lisait : c'était Victor Hugo, celui dont la plume aujourd'hui fait l'effroi ou le charme du monde. »

Ces quatre portraits, qui semblent différer si fort, offrent un trait commun qui domine les différences. Le front puissant, les yeux contemplateurs, se retrouvent aussi bien dans les rares lithographies représentant l'auteur des premières *Odes*, que dans les portraits répandus partout du « grand-père », du poète blanchi par les ans.

# L'ŒUVRE POÉTIQUE DE VICTOR HUGO

# L'ŒUVRE POÉTIQUE DE VICTOR HUGO

## L'ODE

Victor Hugo a ramené lui-même à quatre formes de poésie, ou, si l'on veut, à quatre inspirations tous les vers qu'il a pu écrire. La classification s'impose à nous.

Il compare l'idéal à une croix immense dont les extrémités forment les quatre angles des cieux. Il personnifie la pensée dans l'aigle à quatre ailes ; chacune de ses ailes a un nom : ode, drame, iambe, épopée. L'âme du poète ressemble à un sonore instrument dont les cordes sont agitées tour à tour par des souffles venus des quatre points de l'horizon. Chacun de ces « vents de l'esprit » produit une harmonie distincte et donne ainsi naissance à un genre spécial, et toute poésie est lyrique, ou dramatique, ou satirique, ou épique. Parfois pourtant deux souffles se mêlent, et l'œuvre est alors, comme il arrive si souvent chez Hugo, lyrique et satirique en même temps (les *Châtiments*, les *Contemplations*), ou dramatique et épique à la fois (les *Burgraves*). Et le rêve du poète, qui vécut vingt ans au seuil des tempêtes, c'était de rivaliser avec l'ouragan, de faire chanter toutes les voix de l'espace dans un seul écrit, d'inaugurer un concert tout-puissant où résonnât « toute la lyre. »

De ces quatre vents de l'Esprit, celui qui le premier a fait frémir l'âme de Hugo, c'est le souffle lyrique. C'est par le chant que le poète de vingt ans a débuté, et l'on peut dire que ce lyrisme, qui s'est épanché à flots dans les *Odes et Ballades*, les *Orientales*, les *Feuilles d'automne*, les *Chants du Crépuscule*, les *Rayons et les Ombres*, n'a pas cessé de circuler à travers ses autres écrits. Drame, satire, épopée, tout genre poétique dans Hugo est soulevé, transposé, superbement dénaturé par une émotion, par un ébranlement d'images et d'idées qui appartient plus proprement à l'*Ode*. *Hernanie* ne vit pas seulement, il vibre ; la satire des *Châtiments* n'est pas empennée comme une flèche qui vole à peine jusqu'au but ; elle a l'aile des oiseaux de mer ; elle plane au-dessus des flots et des écueils ; elle surgit, vers le zénith, dans la lumière. En l'épopée de la *Légende des siècles* n'est-elle pas traversée de musique comme une tragédie d'Eschyle ou une comédie d'Aristophane ? Rappelez-vous la sérénade de Zéno, la chanson des Aventuriers de la mer, et le Romancero du Cid Rodrigue de Bivar.

Hugo, toute sa vie, a été un lyrique ; mais, au début de sa carrière poétique, il l'a été plus exclusivement. Dès son premier recueil de vers, il prétendait renouveler le genre, et il avait quelques droits à cette prétention. Dans sa préface datée de décembre 1822, il indique très justement pourquoi l'ode française est restée monotone et froide. C'est qu'elle est toute faite de procédés, de moyens, pour ainsi dire, extérieurs. On y prodigue l'exclamation, l'apostrophe, la prosopopée. « Asseoir la composition sur une idée fondamentale » tirée du cœur et des entrailles du sujet, « placer le mouvement de l'ode dans les idées plutôt que dans les mots, » rejeter comme des oripeaux usés, fripés, les vaines ressources d'une mythologie que l'on avait cessé d'interpréter, et y substituer l'expression d'un sentiment religieux moins profond qu'exalté, mais moderne du moins, et, par certains côtés, sincère, telle était, dans ses traits essentiels, la doctrine poétique professée, je ne dis pas inventée, à vingt ans par le précoce auteur des *Odes*.

LES ODES ET BALLADES.

*Les Odes et Ballades* marquent une date illustre dans l'histoire des lettres françaises.

La préface de 1822 contient ce mot qui est à lui seul toute une poétique : « La poésie c'est tout ce qu'il y a d'intime dans tout. » Ce premier recueil des *Odes* se réduit en effet à l'expression de quelques sentiments personnels, à la traduction de certains états d'âme. L'enthousiasme pour la cause royaliste s'exhale dans les pièces qui ont pour titre *la Vendée, les Vierges de Verdun, Quiberon, Louis XVII, le Rétablissement de la statue de Henri IV, la Mort du duc de Berry, la Naissance du duc de Bordeaux, les Funérailles de Louis XVIII, le Sacre de Charles X*. A relire tous ces morceaux de circonstance, il semblerait que l'ambition du jeune auteur fût d'être adopté comme un héraut du trône aux fleurs de lis, et qu'il y eût surtout en lui l'étoffe d'un « poète-lauréat. » On trouve même qu'il va loin dans cette voie de la louange ; et si on l'excuse de définir en ces deux vers la carrière de « Buonaparte » :

Il passa par la gloire, il passa par le crime,
　　Et n'est arrivé qu'au malheur,

on ne peut guère s'expliquer qu'il arrache à l'usurpateur déchu le prestige de la victoire pour en décorer, à l'occasion d'une promenade aux frontières, le moins belliqueux des Bourbons.

Un catholicisme mystique anime et colore à des degrés divers le dialogue de la Voix et du Siècle qui a pour titre *Vision*, l'ode intitulée *La Liberté* avec l'épigraphe *Christus nos liberavit*, le *Dernier chant*, qui contient ces vers souvent cités :

Le Seigneur m'a donné le don de sa parole.
. . . . . . . . . . . . . . . . . . . .
Mes chants volent à Dieu, comme l'aigle au soleil.

Citons encore *la Lyre et la Harpe*, où la Muse antique et la pensée chrétienne sont mises en regard comme dans un diptyque ; *la Mort de Mademoiselle de Sombreuil*, qui est un hymne à la charité, à la sainteté virginale ; *le Dévouement*, où l'adolescent exalté n'aspire à rien moins qu'au martyre.

Cette religion sent quelque peu la mode, la mode littéraire, celle qu'avait créée Chateaubriand et qui a influencé Lamartine et Hugo. Pour le poète des *Odes* comme pour son maître l'éloquent prosateur, le christianisme a surtout l'avantage de fournir des sujets de tableaux inédits; il est la source précieuse du pittoresque. Il ramène la pensée aux fêtes sanglantes de Néron et aux sacrifices humains du cirque impérial; il rouvre la Bible avec l'Evangile; il montre au poète, à travers les roseaux du Nil, tous les berceaux prédestinés; il l'incite à paraphraser le nom presque oublié de Jéhovah.

Si l'accent de l'Ecole ne nous frappait pas en lisant, après soixante ans, la plupart de ces vers, il faudrait le reconnaître au moins dans les pièces où le disciple rend hommage au maître (A Monsieur de Chateaubriand), où l'éphèbe, récemment armé, choisit son frère d'armes (A Monsieur Alphonse de Lamartine) :

> Montés au même char, comme un couple homérique,
> Nous tiendrons, pour lutter dans l'arène lyrique,
>     Toi la lance, moi les coursiers.

Mais, où la rhétorique perd ses droits, et où la poésie apparaît avec la fraîche pureté et l'éclat touchant d'une aurore, c'est dans l'expression des vraies intimités. Les souvenirs d'enfance idéalisés par le regret d'une félicité qu'on s'exagère d'autant plus qu'elle ne peut pas revenir; les impressions de l'heure présente notées avec une fidélité qui sait choisir et un goût du détail précis qui n'exclut pas l'émotion;

le sentiment de la nature en soi uni au sens du paysage ; la contemplation de la terre et de l'air, de la pluie d'été et des merveilles de l'arc-en-ciel qui lui succède, voilà les éléments d'un lyrisme nouveau et incapable de vieillir.

Dans cette poésie nouvelle, la forme était plus neuve que le fond. La pensée n'est pas très puissante encore ; mais le dessein de l'ode est grand ; Hugo ne remplit pas ses sujets comme il le fera dans la suite ; mais il excelle déjà à les circonscrire et à les embrasser. On peut s'en assurer en relisant la pièce des *Deux Iles.*

Il est deux îles dont un monde
Sépare les deux Océans,
Et qui de loin dominent l'onde,
Comme des têtes de géants.
On devine, en voyant leurs cimes,
Que Dieu les tira des abîmes
Pour un formidable dessein ;
Leur front de coups de foudre fume,
Sur leurs flancs nus la mer écume,
Des volcans grondent dans leur sein.

Ces îles, où le flot se broie
Entre des écueils décharnés,
Sont comme deux vaisseaux de proie,
D'une ancre éternelle enchaînés.
La main qui de ces noirs rivages
Disposa les sites sauvages

>     Et d'effroi les voulut couvrir,
>     Les fit si terribles peut-être,
>     Pour que Bonaparte y pût naître,
>     Et Napoléon y mourir !
>
> . . . . . . . . .
>
> Enfant, des visions, dans la Corse, sa mère,
> Lui révélaient déjà sa couronne éphémère,
> Et l'aigle impérial planant sur son pavois ;
> Il entendait d'avance, en sa superbe attente,
> L'hymne qu'en toute langue, aux portes de sa tente,
> Son peuple universel chantait tout d'une voix :
>
> « Gloire à Napoléon ! gloire au maître suprême !
> Dieu même a sur son front posé le diadème.
> Du Nil au Borysthène il règne triomphant.
> Les rois, fils de cent rois, s'inclinent quand il passe,
>     Et dans Rome il ne voit d'espace
>     Que pour le trône d'un enfant !
>
> . . . . . . . . . . . . . .
>
> Il a bâti si haut son aire impériale,
> Qu'il nous semble habiter cette sphère idéale
> Où jamais on n'entend un orage éclater !
> Ce n'est plus qu'à ses pieds que gronde la tempête ;
>     Il faudrait, pour frapper sa tête,
>     Que la foudre pût remonter ! »
>
> La foudre remonta ! — Renversé de son aire,
> Il tomba tout fumant de cent coups de tonnerre.
>     Les rois punirent leur tyran.
> On l'exposa vivant sur un roc solitaire ;
> Et le géant captif fut remis par la terre
>     A la garde de l'Océan.
>
> ! ! . . . . . . . ! ! !

Voilà l'image de la gloire ;
D'abord un prisme éblouissant,
Puis un miroir expiatoire,
Où la pourpre paraît du sang !
Tour à tour puissante, asservie,
Voilà quel double aspect sa vie
Offrit à ses âges divers.
Il faut à son nom deux histoires :
Jeune, il inventait ses victoires ;
Vieux, il méditait ses revers.

. . . . . . . . . . . . . . . . . . . . . .

S'il perdit un empire, il aura deux patries,
De son seul souvenir illustres et flétries,
L'une aux mers d'Annibal, l'autre aux mers de Vasco ;
Et jamais, de ce siècle attestant la merveille,
On ne prononcera son nom, sans qu'il n'éveille
    Aux bouts du monde un double écho !

Telles, quand une bombe ardente, meurtrière,
Décrit dans un ciel noir sa courbe incendiaire,
Se balance au-dessus des murs épouvantés,
Puis, comme un vautour chauve, à la serre cruelle,
Qui frappe, en s'abattant, la terre de son aile,
Tombe, et fouille à grand bruit le pavé des cités,

Longtemps après sa chute, on voit fumer encore
La bouche du mortier, large, noire et sonore,
D'où monta pour tomber le globe au vol pesant,
Et la place où la bombe, éclatée en mitrailles,
Mourut en vomissant la mort de ses entrailles,
    Et s'éteignit en embrasant !

*Juillet 1825.*

On le voit, l'auteur des *Deux Iles* sait conduire l'effort poétique, par un chemin hardi autant qu'arrêté, à son but, et ce but est un point radieux, une image finale, une formule symbolique dont le poème est tout illuminé.

Quant à l'habileté de main du versificateur, elle est déjà incomparable. Jamais, avant l'apparition des *Ballades*, on n'aurait soupçonné que le clavier poétique pût produire de tels effets. L'éclat des rimes, la richesse du vocabulaire, la nouveauté et la hardiesse du rythme, toutes les formes de la virtuosité sont déjà rassemblées dans ces vers de la première heure.

Hugo a procédé comme les maitres musiciens, les Bach et les Beethoven. Il s'est cru obligé de posséder à fond tous les secrets de son métier; il a compris qu'on est malaisément le premier de son art, si l'on n'a pas pour soi la supériorité même de la technique.

LES ORIENTALES.

Il y a plus d'un Orient sur la mappemonde terrestre. Il y en a plus d'un aussi dans le livre de Victor Hugo. Il faut s'attendre à y trouver surtout l'Orient de l'actualité, celui qui hantait à ce moment-là, grâce au journal, grâce au roman, les imaginations même les plus vulgaires, l'Orient qui avait passionné Byron, et fait du viveur un héros, l'Orient de Janina et de Missolonghi, d'Ali-Pacha, de l'évêque Joseph, et du « bon » Canaris. Le poète a été ému, comme toute la jeunesse d'alors, par le départ de Fabvier; fils de soldat, le bruit que font au loin les fusils français « éveillés de leur long sommeil, » le remplit d'enthousiasme; il oppose avec mélancolie le magnifique emportement de cette vie d'aventures et de batailles aux délicates émotions de sa destinée de rêveur :

J'en ai pour tout un jour d'un soupir de hautbois,
  D'un bruit de feuilles remuées.

Mais sa pensée franchit l'espace, et cette Grèce, où se joue le drame sanglant de l'émancipation du peuple jadis le plus libre des peuples, il la devine, il la voit, il la met sous nos yeux. Voici Corinthe et son haut promontoire, voici les blancs écueils de l'Archipel, voici la colline de Sparte, ou le torrent de l'Ilyssus, voici l'étang d'Arta, et Mikos, la ville carrée aux coupoles d'étain, et Navarin, la ville aux maisons peintes.

La ville aux dômes d'or, la blanche Navarin,
Sur la colline assise entre les térébinthes.

Avec les paysages lumineux, que de figures animées paraissent devant nous : les icoglans bercés sur la mer dans les caravelles légères, les spahis, les timariots aux triangles d'or, aux étriers tranchants sur leurs juments « échevelées, » le klephte à l'œil noir, au long fusil sculpté, et l'enfant de Chio aux pieds nus, aux prunelles bleues comme des lis du puits sombre d'Iran, qui pleure près des murs noircis et veut « de la poudre et des balles. »

Les tableaux turcs des *Orientales* ont vieilli. Ces odalisques rêveuses, romanesques, attendries, dont chaque coup d'éventail est suivi d'un coup de hache, ces sultans ou ces pachas hérissés d'armes comme une panoplie, et laissant voir un arsenal sous leur pelisse, donnent l'impression du banal, du poncif. A leur apparition, ils firent le succès. Ils sont démodés aujourd'hui comme les troubadours des *Odes et Ballades*.

En revanche, l'Orient espagnol a gardé tout son éclat de coloris, toute sa vivace fraicheur. Le charme de l'art mauresque, la magie du ciel de Grenade ne sont-ils pas traduits définitivement dans ces aquarelles faites d'un seul vers?

> Quand la lune, à travers les mille arceaux arabes,
> Sème les murs de trèfles blancs.

C'est là l'Espagne pittoresque. L'odeur de sainteté qui s'exhale de ses cités peuplées de vierges, de martyrs, et tout illustrées de légendes, n'a-t-elle pas persisté dans ce distique curieux?

> Le poisson qui rouvrit l'œil mort du vieux Tobie
> Se joue au fond du golfe où dort Fontarabie.

Et ses mœurs animées, joyeuses, picaresques, ne parlent-elles pas dans cette fin de couplet, sonore et rythmée comme un concert de bandouras?

> Salamanque en riant s'assied sur trois collines,
> S'endort au son des mandolines,
> Et s'éveille en sursaut aux cris des écoliers.

Le sens musical, qui s'exprimera si puissamment dans la pièce des *Rayons et des Ombres*, intitulée « Que la musique date du XVI$^e$ siècle, » se manifeste d'un bout à l'autre des *Orientales* par des raffinements de facture, des recherches d'harmonie, des effets de rythme dont le crescendo des *Djinns* donne l'idée :

> La rumeur approche,
> L'écho la redit.
> C'est comme la cloche
> D'un couvent maudit ;
> Comme un bruit de foule,
> Qui tonne et qui roule,
> Et tantôt s'écroule
> Et tantôt grandit...

> C'est l'essaim des Djinns qui passe,
> Et tourbillonne en sifflant.
> Les ifs, que leur vol fracasse,
> Craquent comme un pin brûlant.
> Leur troupeau lourd et rapide,
> Volant dans l'espace vide,
> Semble un nuage livide,
> Qui porte un éclair au flanc.

. . . . . . . . . . . . . . . . . .

> Cris de l'enfer ! voix qui hurle et qui pleure !
> L'horrible essaim, poussé par l'aquilon,
> Sans doute, ô ciel ! s'abat sur ma demeure.
> Le mur fléchit sous le noir bataillon.
> La maison crie et chancelle, penchée;
> Et l'on dirait que, du sol arrachée,
> Ainsi qu'il chasse une feuille séchée,
> Le vent la roule avec leur tourbillon !

Ce chef-d'œuvre d'industrie lyrique montre quel doigté merveilleux le musicien avait acquis. D'autres pièces, l'*Ode du feu de ciel*, par exemple, nous laissent voir quelle richesse de tons le peintre avait sur sa palette, et avec quel pinceau hardi, expressif, lumineux, il pouvait, à son gré, peupler la toile ou animer le mur. N'est-ce pas en effet une fresque déjà puissante que cette suprême orgie des deux villes damnées, Sodome et Gomorrhe, avec leurs pâles lampes de débauche, et au-dessus, dans un ciel noir, la nuée fulgurante? Qui n'a pas dans le souvenir ce voyage grandiose du nuage vengeur sur le vent de la nuit; et ces tableaux brillants, le golfe aux claires eaux habité par une tribu qui mêle au bruit de la grande mer la voix grêle de ses cymbales; le « Nil jaune, tacheté d'îles, » bordé « de monts bâtis par l'homme » et gardé par le sphinx rose ou le dieu vert, dont le simoun enflammé « ne fait pas baisser les paupières; » et l'édifice immense de Babel, dont les tours portent des palmiers qui d'en bas semblent des brins d'herbe, dont les murs lézardés laissent passer des éléphants par leurs fissures colossales? Toute cette couleur, si neuve, si riche, si éclatante, n'a rien perdu de sa valeur. Cette manière n'est pas la plus originale ni la plus grande de Hugo; mais, en dépit des efforts et des ambitions de poètes venus depuis et coloristes exclusifs, Hugo seul l'a dépassée.

N'y a-t-il donc que de la couleur dans les *Orientales* ? On a ressassé cette erreur. N'y a-t-il pas de pensée dans cette superbe définition du génie et de sa destinée cruelle, fatale, mais glorieuse et souveraine, que personnifie, qu'incarne en quelque sorte le héros de l'Ukraine garrotté, emporté, jusqu'au trône, sur son cheval que la mort seule arrêtera ?

> Ainsi, quand Mazeppa, qui rugit et qui pleure,
> A vu ses bras, ses pieds, ses flancs qu'un sabre effleure,
>     Tous ses membres liés
> Sur un fougueux cheval, nourri d'herbes marines,
> Qui fume, et fait jaillir le feu de ses narines
>     Et le feu de ses pieds ;
>
> Quand il s'est dans ses nœuds roulé comme un reptile,
> Qu'il a bien réjoui de sa rage inutile
>     Ses bourreaux tout joyeux,
> Et qu'il retombe enfin sur la croupe farouche,
> La sueur sur le front, l'écume dans la bouche
>     Et du sang dans les yeux,
>
> Un cri part ; et soudain voilà que par la plaine
> Et l'homme et le cheval, emportés, hors d'haleine,
>     Sur les sables mouvants,
> Seuls, emplissant de bruit un tourbillon de poudre
> Pareil au noir nuage où serpente la foudre,
>     Volent avec les vents !

Ils vont. Dans les vallons comme un orage ils passent,
Comme ces ouragans qui dans les monts s'entassent,
      Comme un globe de feu ;
Puis déjà ne sont plus qu'un point noir dans la brume,
Puis s'effacent dans l'air comme un flocon d'écume
      Au vaste océan bleu.

Ils vont. L'espace est grand. Dans le désert immense,
Dans l'horizon sans fin qui toujours recommence,
      Ils se plongent tous deux
Leur course comme un vol les emporte, et grands chênes,
Villes et tours, monts noirs liés en longues chaînes,
      Tout chancelle autour d'eux.

. . . . . . . . . . . . . . . . . . . .

Enfin après trois jours d'une course insensée,
Après avoir franchi fleuves à l'eau glacée,
      Steppes, forêts, déserts,
Le cheval tombe aux cris des mille oiseaux de proie,
Et son ongle de fer sur la pierre qu'il broie
      Eteint ses quatre éclairs.

Voilà l'infortuné gisant, nu, misérable,
Tout tacheté de sang, plus rouge que l'érable
      Dans la saison des fleurs.
Le nuage d'oiseaux sur lui tourne et s'arrête ;
Maint bec ardent aspire à ronger dans sa tête
      Ses yeux brûlés de pleurs.

Eh bien ! ce condamné qui hurle et qui se traîne,
Ce cadavre vivant, les tribus de l'Ukraine
      Le feront prince un jour.
Un jour, semant les champs de morts sans sépultures,
Il dédommagera par de larges pâtures
      L'orfraie et le vautour.

Sa sauvage grandeur naîtra de son supplice.
Un jour, des vieux hetmans il ceindra la pelisse,
    Grand à l'œil ébloui ;
Et quand il passera, ces peuples de la tente,
Prosternés, entendront la fanfare éclatante
    Bondir autour de lui !

Ainsi, lorsqu'un mortel, sur qui son dieu s'étale,
S'est vu lier vivant sur ta croupe fatale,
    Génie, ardent coursier,
En vain il lutte, hélas ! tu bondis, tu l'emportes
Hors du monde réel, dont tu brises les portes
    Avec tes pieds d'acier !

. . . . . . . . . . . .

Il traverse d'un vol, sur tes ailes de flamme,
Tous les champs du possible, et les mondes de l'âme,
    Boit au fleuve éternel ;
Dans la nuit orageuse ou la nuit étoilée,
Sa chevelure, aux crins des comètes mêlée,
    Flamboie au front du ciel.

. . . . . . . . . . . .

Il crie épouvanté, tu poursuis implacable.
Pâle, épuisé, béant, sous ton vol qui l'accable,
    Il ploie avec effroi ;
Chaque pas que tu fais semble creuser sa tombe
Enfin le terme arrive..., il court, il vole, il tombe,
    Et se relève roi !

## LES FEUILLES D'AUTOMNE.

On risque de surprendre le lecteur en écrivant que les *Feuilles d'automne*, les *Chants du Crépuscule*, les *Voix intérieures*, les *Rayons et les Ombres* ne marquent pas un progrès sur les *Orientales*. Ce qui a le plus fait pour mettre ces recueils, les *Feuilles d'automne* surtout, très en faveur chez les esprits d'éducation classique, c'est l'absence ou l'atténuation de défauts qui, dans les *Orientales*, s'accusaient vigoureusement. A notre avis, c'est au retour de ces défauts qu'il faudra applaudir ; car, avec eux, les qualités sortiront aussi à outrance.

Demandez au peintre Rembrandt s'il produirait sa lumière sans ombre. Le contraste violent, qui caractérise la poésie de Hugo, s'effaça donc à un certain moment, et les yeux délicats, amoureux du tempérament, de la transition ménagée, du convenable, ou peut-être du convenu, en furent tout réjouis. Qu'il nous soit permis de penser qu'en faisant jusqu'au bout ces concessions au goût moyen, Hugo aurait perdu une bonne part de son originalité, de sa toute-puissance. Heureusement l'exil l'isolera de toute influence, le rendra tout entier à lui-même, et il écrira, avec ses procédés originaux et sa poétique exclusive, les *Contemplations*, les *Châtiments*, la triple *Légende des siècles*.

Est-ce à dire qu'il faille dédaigner les ouvrages en vers qui ont suivi les *Orientales ?* Ce serait une puérile et inepte rigueur. Il y a dans chacun d'eux des beautés de l'ordre le plus élevé ; il y a même des accents nouveaux ; la forme seule a perdu de son étrange éclat ; mais peut-être a-t-elle gagné quelques qualités de délicatesse, et je ne sais quel parfum d'intimité ; quant au fond, il s'est enrichi ; le champ s'est amendé, et il produit de plus nourrissantes moissons.

Dans les *Orientales*, le poète avait éprouvé le besoin de voir, ne fût-ce qu'en rêve, des pays lointains, presque fabuleux. Avec les *Feuilles d'automne* nous le trouvons assis au foyer, les yeux tournés sur ses enfants, la pensée attachée au souvenir de ceux qui ne sont plus, le cœur ému de la fuite de la jeunesse. Préoccupé de la destinée, il analyse les grandes conceptions du temps, de l'espace, de l'éternité. Il affirme sa double foi, faite de sentiment, à l'existence de Dieu, à l'immortalité des âmes.

Ce qui domine ici, c'est le *Moi*, qui tiendra désormais tant de place dans l'œuvre du poète et qui donnera un accent si personnel même à ses tragédies, même à ses épopées. Il se révèle dès la première pièce, qui est une autobiographie. Il se dissimule mal sous des affectations de modestie ou des explosions de dédain dans les odes au statuaire David et à Lamartine, dans l'expressive allégorie *Æstuat infelix*, dans les confidences *A Monsieur Fontaney*. Dans toutes ces pages, le poète poursuit la définition du génie, et, sans le vouloir, il définit son génie propre. Quelle destinée rêve-t-il ? Il convoite la couronne de Dante, faute d'oser aspirer au sceptre de Napoléon. C'est encore le moi qui se glorifie dans les ascendants, quand Hugo fait un retour vers son père, et se repaît du souvenir des guerres impériales ; c'est le moi qui s'enivre d'orgueil mélancolique, en exprimant le regret, peut-être un peu prématuré, des jeunes ans, et des « lettres d'amour ; » c'est le moi qui persiste, mais cette fois sous sa forme la plus désintéressée et la plus touchante, dans les effusions de la tendresse paternelle, dans la contemplation émue du « doux sourire » de l'enfance.

Laissez. — Tous ces enfants sont bien là. — Qui vous dit
Que la bulle d'azur que mon souffle agrandit
    A leur souffle indiscret s'écroule ?
Qui vous dit que leurs voix, leurs pas, leurs jeux, leurs cris,
Effarouchent la muse et chassent les péris... —
    Venez, enfants, venez en foule !

Venez autour de moi ! Riez, chantez, courez !
Votre œil me jettera quelques rayons dorés,
       Votre voix charmera mes heures.
C'est la seule en ce monde, où rien ne nous sourit,
Qui vienne du dehors sans troubler dans l'esprit
       Le chœur des voix intérieures !

. . . . . . . . . . . . . . . . . .

Venez, enfants ! — A vous, jardins, cours, escaliers !
Ebranlez et planchers, et plafonds, et piliers !
       Que le jour s'achève ou renaisse,
Courez et bourdonnez comme l'abeille aux champs !
Ma joie et mon bonheur et mon âme et mes chants
       Iront où vous irez, jeunesse !

Il est pour les cœurs sourds aux vulgaires clameurs
D'harmonieuses voix, des accords, des rumeurs,
       Qu'on n'entend que dans les retraites,
Notes d'un grand concert interrompu souvent,
Vents, flots, feuilles des bois, bruit dont l'âme en rêvant
       Se fait des musiques secrètes !

Moi, quel que soit le monde, et l'homme, et l'avenir,
Soit qu'il faille oublier ou se ressouvenir,
       Que Dieu m'afflige ou me console,
Je ne veux habiter la cité des vivants
Que dans une maison qu'une rumeur d'enfants
       Fasse toujours vivante et folle.

De même, si jamais enfin je vous revois,
Beau pays, dont la langue est faite pour ma voix,
       Dont mes yeux aimaient les campagnes,
Bords où mes pas enfants suivaient Napoléon,
Fortes villes du Cid ! ô Valence, ô Léon,
       Castille, Aragon, mes Espagnes !

Je ne veux traverser vos plaines, vos cités,
Franchir vos ponts d'une arche entre deux monts jetés,
    Voir vos palais romains ou maures,
Votre Guadalquivir qui serpente et s'enfuit,
Que dans ces chars dorés qu'emplissent de leur bruit
    Les grelots des mules sonores.

Les trois pièces qui terminent le recueil ne relèvent plus de cette inspiration égoïste. L'une, la *Prière pour tous*, rappelle les premières odes pour la couleur religieuse et chrétienne ; mais il s'y mêle un sentiment de pitié tendre, d'universelle sympathie, qui, en s'élevant jusqu'à l'oubli de soi, produira la doctrine humanitaire des *Contemplations*.

Comme une aumône, enfant, donne donc ta prière
A ton père, à ta mère, aux pères de ton père ;
Donne au riche à qui Dieu refuse le bonheur,
Donne au pauvre, à la veuve, au crime, au vice immonde.
*Fais en priant le tour des misères du monde.*

. . . . . . . . . . . .

Ce superbe vers semble être resté la devise du grand romancier qui écrira les *Misérables*, les *Travailleurs de la Mer*, l'*Homme qui rit*, *Quatre-vingt-treize*.

Le futur auteur du *Satyre* commence aussi à pénétrer le sens de la nature ; il n'est pas loin de la diviniser, puisqu'il aspire déjà à s'unir avec elle :

O poëtes sacrés, échevelés, sublimes,
Allez, et répandez vos âmes sur les cimes,
Sur les sommets de neige en butte aux aquilons,
Sur les déserts pieux où l'esprit se recueille,
Sur les bois que l'automne emporte feuille à feuille,
Sur les lacs endormis dans l'ombre des vallons !

Partout où la nature est gracieuse et belle,
Où l'herbe s'épaissit pour le troupeau qui bêle,
Où le chevreau lascif mord le cytise en fleurs,
Où chante un pâtre assis sous une antique arcade,
Où la brise du soir fouette avec la cascade
      Le rocher tout en pleurs ;

. . . . . . . . . . . . . . . .

Partout où le couchant grandit l'ombre des chênes,
Partout où les coteaux croisent leurs molles chaines,
Partout où sont des champs, des moissons, des cités,
Partout où pend un fruit à la branche épuisée,
Partout où l'oiseau boit des gouttes de rosée,
      Allez, voyez, chantez !

. . . . . . . . . . . . . . . .

Enivrez-vous de tout ! enivrez-vous, poëtes,
Des gazons, des ruisseaux, des feuilles inquiètes,
Du voyageur de nuit dont on entend la voix,
De ces premières fleurs dont février s'étonne,
Des eaux, de l'air, des prés, et du bruit monotone
Que font les chariots qui passent dans les bois !

. . . . . . . . . . . . . . . .

Contemplez du matin la pureté divine,
Quand la brume en flocons inonde la ravine,
Quand le soleil, que cache à demi la forêt,
Montrant sur l'horizon sa rondeur échancrée,
Grandit comme ferait la coupole dorée
D'un palais d'Orient dont on approcherait !

Enivrez-vous du soir ! A cette heure où, dans l'ombre,
Le paysage obscur, plein de formes sans nombre,
S'efface, des chemins et des fleuves rayé ;
Quand le mont, dont la tête à l'horizon s'élève,
Semble un géant couché qui regarde et qui rêve,
   Sur son coude appuyé !

Si vous avez en vous, vivantes et pressées,
Un monde intérieur d'images, de pensées,
De sentiments, d'amour, d'ardente passion,
Pour féconder ce monde échangez-le sans cesse
Avec l'autre univers visible qui vous presse !
Mêlez toute votre âme à la création !

 Enfin est-ce aux *Feuilles d'automne* ou aux *Châtiments* qu'appartient la clameur satirique de l'Epilogue ? Est-ce en novembre 1831 ou après décembre 1852 que ces vers ont été frappés sur « la corde d'airain ? »

Je hais l'oppression d'une haine profonde.
Aussi, lorsque j'entends, dans quelque coin du monde,
Sous un ciel inclément, sous un roi meurtrier,
Un peuple qu'on égorge appeler et crier :
. . . . . . . . . . . . . . . . . . . .
Alors, oh ! je maudis dans leur cour, dans leur antre,
Ces rois dont les chevaux ont du sang jusqu'au ventre !
Je sens que le poète est leur juge ! je sens
Que la muse indignée, avec ses poings puissants,
Peut, comme au pilori, les lier sur leur trône,
Et leur faire un carcan de leur lâche couronne,
Et renvoyer ces rois qu'on aurait pu bénir,
Marqués au front d'un vers que lira l'avenir !

Oh ! la muse se doit aux peuples sans défense.
J'oublie alors l'amour, la famille, l'enfance,
Et les molles chansons, et le loisir serein,
Et j'ajoute à ma lyre une corde d'airain

*Novembre* 1831.

### LES CHANTS DU CRÉPUSCULE.

Ce qui manque le plus aux *Chants du Crépuscule*, c'est l'unité d'impression. L'auteur s'est laissé aller, plus que dans aucun autre recueil, à la tentation de grossir son volume avec des vers d'album, des romances, des madrigaux, des pièces de circonstance. Ces crayons un peu improvisés feraient honneur à de moindres poètes ; chez Hugo, ils ont l'inconvénient de détourner à leur profit une attention, parfois même une admiration qui s'adresserait mieux à des beautés plus hautes. Je ne citerai qu'un exemple. Dans quelle mémoire ne s'est pas logée cette déclaration d'amour où la passion est symbolisée dans la prière de la fleur au papillon ? Tout à côté de cette odelette gracieuse, se trouve l'admirable contemplation qui a pour titre *Au bord de la mer*, et, un peu plus loin, la merveille même de ce recueil, la méditation puissante sur la cloche.

Seule en ta sombre tour aux faîtes dentelés,
D'où ton souffle descend sur les toits ébranlés,
O cloche suspendue au milieu des nuées
Par ton vaste roulis si souvent remuées,

Tu dors en ce moment dans l'ombre, et rien ne luit
Sous ta voûte profonde où sommeille le bruit.
Oh ! tandis qu'un esprit qui jusqu'à toi s'élance,
Silencieux aussi, contemple ton silence,
Sens-tu, par cet instinct vague plein de douceur
Qui révèle toujours une sœur à la sœur,
Qu'à cette heure où s'endort la soirée expirante,
Une âme est près de toi, non moins que toi vibrante,
Qui bien souvent aussi jette un bruit solennel,
Et se plaint dans l'amour comme toi dans le ciel !
. . . . . . . . . . . . . . .
Mais qu'importe à la cloche et qu'importe à mon âme !
Qu'à son heure, à son jour, l'esprit saint les réclame,
Les touche l'une et l'autre, et leur dise : chantez !
Soudain, par toute voie et de tous les côtés,
De leur sein ébranlé, rempli d'ombres obscures,
A travers leur surface, à travers leurs souillures,
Et la cendre et la rouille, amas injurieux,
Quelque chose de grand s'épandra dans les cieux !

Ce sera l'hosanna de toute créature !
Ta pensée, ô Seigneur ! ta parole, ô nature !
Oui, ce qui sortira par sanglots, par éclairs,
Comme l'eau du glacier, comme le vent des mers,
Comme le jour à flots des urnes de l'aurore,
Ce qu'on verra jaillir, et puis jaillir encore,
Du clocher toujours droit, du front toujours debout,
Ce sera l'harmonie immense qui dit tout !
Tout ! les soupirs du cœur, les élans de la foule :
Le cri de ce qui monte et de ce qui s'écroule ;
Le discours de chaque homme à chaque passion ;
L'adieu qu'en s'en allant chante l'illusion ;
L'espoir éteint, la barque échouée à la grève ;
. . . . . . . . . . . . . . .

La vertu qui se fait de ce que le malheur
A de plus douloureux, hélas ! et de meilleur ;
L'autel enveloppé d'encens et de fidèles ;
Les mères retenant les enfants auprès d'elles ;
La nuit qui chaque soir fait taire l'univers
Et ne laisse ici-bas la parole qu'aux mers ;
Les couchants flamboyants ; les aubes étoilées ;
Les heures de soleil et de lune mêlées,
Et les monts et les flots proclamant à la fois
Ce grand nom qu'on retrouve au fond de toute voix ;
Et l'hymne inexpliqué qui, parmi des bruits d'ailes,
Va de l'aire de l'aigle au nid des hirondelles ;
Et ce cercle dont l'homme a sitôt fait le tour,
L'innocence, la foi, la prière et l'amour !
Et l'éternel reflet de lumière et de flamme
Que l'âme verse au monde et que Dieu verse à l'âme !

C'est dans de pareilles pages qu'il faut chercher l'originalité du volume, et non dans les aubades, les effusions de tendresse ou les actes de foi, antérieurs de quelques années, et animés d'un autre esprit. On reconnaît sans peine ces poèmes de la vingtième année à leur caractère élégiaque, et à cette tendance mystique, à ce besoin d'adoration que sûrement en 1835 (date de la publication des *Chants du crépuscule*) Victor Hugo ne ressent plus. S'il y a eu dans la période de sa vie antérieure à l'exil une heure de doute, de mélancolie morose, de pessimisme amer, douloureux, agressif, cette heure est arrivée.

Ce mécontentement s'explique assez par le regret très vif de la première jeunesse.

> Il fut un temps, un temps d'ivresse,
> Où l'aurore qui te caresse
> Rayonnait sur mon beau printemps,
> Où l'orgueil, la joie et l'extase,
> Comme un vin pur d'un riche vase,
> Débordaient de mes dix-sept ans.

A ce moment il avait la gloire devant lui; elle brillait dans le lointain, mais il bondissait vers ce but :

> Et comme un vif essaim d'abeilles,
> Mes pensers volaient au soleil.

Le but est atteint, et le mirage est dissipé; la coupe est bue, et la « lie » est au fond.

Tout poète est irritable. Que dire de celui-ci? On se rappelle son enfance hyperesthésique. Le tempérament qui ébranla jusqu'à la folie le cerveau surexcitable de plus d'un des siens, devait se retrouver chez lui et souffrir très cruellement de certaines hostilités :

> Toujours quelque bouche flétrie,
> Souvent par ma pitié nourrie,
> Dans tous mes travaux m'outragea.

Il s'exagérait la violence ou la portée de ces attaques :

> Moi que déchire tant de rage...

Il ne pouvait pas pardonner au régime royal qui s'était établi, avec la liberté, le droit pour champions, de manquer à ses engagements, de renier son principe, de laisser subsister « des abus de granit, » auxquels les tribuns du jour ne pouvaient opposer « qu'une charte de plâtre. » Et de tous ces abus, à ce qu'il semble, celui qui a le plus blessé le poète, celui qui a fait surgir de son seuil naguère égayé par les rires d'enfant, la « muse Indignation, » c'est la persécution qu'on a infligée à sa pensée, c'est l'interdiction jetée sur telle ou telle de ses œuvres :

Chacun se sent troublé comme l'eau sous le vent ;
Et moi-même, à cette heure, à mon foyer rêvant,
Voilà, depuis cinq ans qu'on oubliait Procuste,
Que j'entends aboyer au seuil du drame auguste
La censure à l'haleine immonde, aux ongles noirs,
Cette chienne au front bas qui suit tous les pouvoirs,
Vile, et mâchant toujours dans sa gueule souillée,
O Muse ! quelque pan de ta robe étoilée !

Il proteste contre ces « tristes libertés qu'on donne et qu'on reprend »; il se fait l'adversaire de toutes les mesures de réaction provoquées par un pouvoir inquiet, et consenties par les « trois cents avocats, » par « ces rhéteurs » que leur toge neuve embarrasse. Il oppose au régime sans éclat, sous lequel la France s'agite, le souvenir du Césarisme triomphant, et il compare avec dédain les lampions des fêtes officielles au soleil d'Austerlitz ; lui qui, dix ans plus tôt, maudissait Buonaparte, il s'attendrit comme la bonne vieille de Béranger, ou comme les vétérans en demi-solde de la Restauration, devant l'image du captif de Sainte-Hélène, regrettant non pas le Kremlin, non pas le bivac, non pas les dragons chevelus, ou les rouges lanciers, ou les grenadiers épiques, mais l'enfant blond, rose, « divin, » qu'allaite sa nourrice éblouie, souriante.

Napoléon n'est pas le seul repoussoir lumineux qu'il imagine de placer en regard des obscurs artisans de la politique présente. A deux reprises, il évoque le souvenir d'un autre soldat, le héros de l'indépendance grecque, Canaris. Comme le passé, l'éloignement grandit les hommes : pour Hugo, Napoléon mort est une sorte de Dieu terrifiant ; Canaris disparu et entré dans l'oubli est le dieu bon, aux « traits sereins, » au « regard pur, » au cœur « candide. » Il envie la destinée de ce fils de l'Archipel, qui vit au pays de l'héroïsme et de la gloire, qui voit

Décroître à l'horizon Mantinée ou Mégare,

qui a échangé la popularité bruyante, banale, éphémère, contre

.................la douceur d'entrevoir
Tantôt un fronton blanc dans les brumes du soir,
Tantôt, sur le sentier qui près des mers chemine,
Une femme de Thèbe ou bien de Salamine,
Paysanne à l'œil fier qui va vendre ses blés,
Et pique gravement deux grands bœufs accouplés,
Assise sur un char d'homérique origine,
Comme l'antique Isis des bas-reliefs d'Egine !

Hugo ne se borne pas à cette satire indirecte. Il blâme ouvertement les désintéressements de la politique française, et s'indigne qu'aucun écho ne réponde au cri de la Pologne piétinée par les clous des Baskirs. En maudissant « l'homme qui a livré une femme, » il inflige un blâme sanglant aux ministres qui ont soldé et provoqué ce louche trafic. Ses éloges mêmes, tels que le remerciement au duc d'Orléans, ont quelque chose d'un peu humiliant pour le trône; ils ne diffèrent guère du conseil, et quand le *conseil* se fait jour, il est gros de menaces. Hugo montre aux rois le flot populaire qui monte; rien ne l'arrêtera dans sa fureur inconsciente, sinon le pouvoir du bienfait, et l'obstacle d'une bonne action.

La préoccupation des misérables de tout ordre vient servir d'excuse à ces plaintes, mais elle fournit à cette satire naissante un aliment nouveau.

Voici l'antithèse du riche et du pauvre; voici

le contraste entre la foule heureuse, éclatante, enivrée, que rassemble le bal flamboyant, et le groupe des créatures dégradées,

Voilant leur deuil affreux d'un sourire moqueur,
Les fleurs au front, la boue aux pieds, la haine au cœur !

Où trouver un refuge contre tant de causes de tristesse ?

Dans l'amour tout divin de l'humanité. A la prière qui s'est tue un autre hymne succédera.

Ce sera l'hosanna de toute créature,
. . . . . . . . . . .
Ce sera l'harmonie immense qui dit tout.

Et cette harmonie s'annonce déjà, comme par une note préparatoire de l'accord, dans ce vers curieux :

Et le sage attentif aux *voix intérieures*.

Le titre et le sujet du recueil suivant étaient trouvés.

LES VOIX INTÉRIEURES.

Deux pièces du nouveau livre, les deux premières, sont encore inspirées par le spectacle des événements et la préoccupation politique. *Sunt lacrymæ rerum* est une sorte de chant funéraire, de panégyrique attendri, que la mort de Charles X, exilé, inspire au poète du sacre. Dans la pièce *A l'Arc de triomphe*, on retrouve une fois de plus la glorification de l'idée impériale, que l'auteur des *Chants du crépuscule* avait entreprise dans *la Colonne* et *Napoléon II*. Si l'éloge de l'Empire était opportun, et de nature à flatter le sentiment public, on ne saurait faire le même reproche à l'hymne en l'honneur de la royauté légitime. Cette manifestation venait à l'encontre du sentiment populaire, et, à ce propos, il n'est pas inutile de remarquer à quel point se trompent ceux qui voient dans Victor Hugo un courtisan de l'opinion. Qui la flattait en 1825, Victor Hugo, chantre de l'autel et du trône, ou Casimir Delavigne, le poète des *Messéniennes*, ou Béranger, le chansonnier du *Roi d'Yvetot*, le prêtre narquois du *Dieu des Bonnes Gens*? Et plus tard, sera-ce un sacrifice au goût dominant des Français de 1852 que de flétrir le régime devant lequel ils se sont prosternés? Sera-ce une tactique d'opportuniste, au lendemain de la Commune de 1871, et au plus fort de représailles dont personne, à ce moment-là, n'eût osé mettre en doute la légitimité, que de jeter le cri d'appel à la clémence, que de s'opposer aux revanches de l'ordre, que de flétrir la basse loi du talion?

La conséquence d'une si habile conduite devait être ce qu'elle fut. En 1871, on lapida les fenêtres de celui qui avait dit : « Pas de représailles ; » après 1853, et pendant de longues années, ce fut la mode et la marque du goût que de décrier, de railler, de renier l'auteur des *Châtiments*; en 1837, après la publication des *Voix intérieures*, les attaques dont Victor Hugo avait déjà souffert si vivement, redoublèrent de violence.

Mais cette fois le poète pouvait les braver. Il avait trouvé le grand secret de consolation, la source inépuisable de courage, de sérénité. Las des agitations stériles de la politique et de son fracas irritant, il s'était remis à écouter, de plus près que jamais, « cette musique que tout homme a en soi » et « dont parle la Porcia de Shakespeare. » Ce chant continu, cette voix intérieure, « écho affaibli » et « confus » du grondement de la Nature, voilà surtout ce que le poète notait cette fois, et fixait en des vers singulièrement beaux.

Il retrouvait le verbe imagé, les traits de feu des *Orientales* avec un attrait tout nouveau de puissante mélancolie.

. . . . . . . . . . . .
La morne Palenquè gît dans les marais verts ;
A peine entre ses blocs d'herbe haute couverts
    Entend-on le lézard qui bouge.
Ses murs sont obstrués d'arbres au fruit vermeil
Où volent, tout moirés par l'ombre et le soleil,
    De beaux oiseaux de cuivre rouge.

. . . . . . . . . . . .
Comme une mère sombre, et qui, dans sa fierté,
Cache sous son manteau son enfant souffleté,
    L'Egypte au bord du Nil assise
Dans sa robe de sable enfonce enveloppés
Ses colosses camards à la face frappés
    Par le pied brutal de Cambyse.

Mais, à côté de ce vers fulgurant, Hugo en apportait un autre plus original peut-être, je veux dire le vers simple et pénétrant, virgilien par la pureté et l'harmonie, homérique par la vérité de l'impression, le vers avec lequel il décrit :

Les coteaux renversés dans le lac qui miroite;

« l'antre obstrué d'herbe verte, » et

... les vieilles forêts où la sève à grands flots
Court du fût noir de l'aulne au tronc blanc des bou-
                              [leaux.

Ce ne sont là que des aspects de la nature. Hugo soulève le voile riant et rayé de couleurs dont l'éternelle Isis enveloppe son sein palpitant. Il ne s'arrête pas longtemps à l'églogue ancienne, malgré la douceur de regarder « fumer le feu du pâtre, » et d'entrevoir, « à travers les buissons, » sous « la lune », « à la dérobée, »

Les Satyres dansants qu'imite Alphésibée.

Il cherche le pourquoi de la nature ; il la trouve compatissante, charitable, providentielle ; elle est l'intermédiaire auguste qui dispense à l'homme les bienfaits de Dieu :

> L'hiver, l'été, la nuit, le jour,
> Avec des urnes différentes,
> Dieu verse à grands flots son amour.

Cette première conception est justement le contraire de celle qui s'exprimera dans la *Tristesse d'Olympio*; mais on la voit se modifier déjà, rien qu'en tournant les feuillets des *Voix intérieures*. La pièce *A Albert Durer* nous révèle une nature autrement vraie, toute livrée au travail de la vie, et tourmentée par de sourds mais visibles efforts :

> Le cresson boit ; l'eau court ; les frênes sur les pentes,
> Sous la broussaille horrible et les ronces grimpantes,
> Contractent lentement leurs pieds noueux et noirs.

La terre ne vit pas seulement ; elle fait vivre. Elle est la *Mater Alma* que célèbre le mythe ancien ; elle est la nourrice universelle.

C'est ce qu'exprime avec une puissance singulière la pièce fameuse qui a pour titre la *Vache*.

### LA VACHE.

Devant la blanche ferme où parfois vers midi
Un vieillard vient s'asseoir sur le seuil attiédi,
Où cent poules gaîment mêlent leurs crêtes rouges,
Où, gardiens du sommeil, les dogues dans leurs bouges
Ecoutent les chansons du gardien du réveil,
Du beau coq vernissé qui reluit au soleil,
Une vache était là tout à l'heure arrêtée.
Superbe, énorme, rousse et de blanc tachetée,
Douce comme une biche avec ses jeunes faons,
Elle avait sous le ventre un beau groupe d'enfants,
D'enfants aux dents de marbre, aux cheveux en brous-
[saillés,
Frais, et plus charbonnés que de vieilles murailles,
Qui, bruyants, tous ensemble, à grands cris appelant
D'autres qui, tout petits, se hâtaient en tremblant,
Dérobant sans pitié quelque laitière absente,
Sous leur bouche joyeuse et peut-être blessante
Et sous leurs doigts pressant le lait par mille trous,
Tiraient le pis fécond de la mère au poil roux.
Elle, bonne et puissante et de son trésor pleine,
Sous leurs mains par moments faisant frémir à peine
Son beau flanc plus ombré qu'un flanc de léopard,
Distraite, regardait vaguement quelque part.

Ainsi, nature ! abri de toute créature !
O mère universelle ! indulgente nature !
Ainsi, tous à la fois, mystiques et charnels,
Cherchant l'ombre et le lait sous tes flancs éternels,
Nous sommes là, savants, poètes, pêle-mêle,
Pendus de toutes parts à ta forte mamelle !
Et tandis qu'affamés, avec des cris vainqueurs,
A tes sources sans fin désaltérant nos cœurs,
Pour en faire plus tard notre sang et notre âme,
Nous aspirons à flots ta lumière et ta flamme,
Les feuillages, les monts, les prés verts, le ciel bleu,
Toi, sans te déranger, tu rêves à ton Dieu !

La terre fait plus que de nourrir ses fils ; elle leur parle. Elle élève et elle agrandit le cœur qui sait l'entendre.

De partout sort un flot de sagesse abondante.
. . . . . . . . . . . . . . .
Tout objet dont le bois se compose répond
A quelque objet pareil dans la forêt de l'âme.

Avec la voix de la Terre, éclate, pour la première fois (1), dans l'œuvre de Hugo, le chant de la Mer, qui grondera si puissamment dans les *Contemplations*, dans les *Châtiments*, et dans la *Légende des siècles*. Cette intimité merveilleuse qui s'établira, pendant les années de l'exil, entre le poète et l'Océan, s'explique,

---

(1) La pièce des Chants du Crépuscule, *Au bord de la mer*, en dépit de son titre, ne s'oppose pas à cette assertion. Le poète y définit la Terre, l'Ether, l'Amour. L'Océan n'entre que pour trois vers dans cette triple synthèse.

s'annonce, avant l'heure de la rélégation sur les rochers anglo-normands, par des affinités dont voici la première preuve. Qu'on relise *Soirée en Mer*, ou encore *Une nuit qu'on entendait la mer sans la voir*. Qu'on joigne à ces premières impressions les deux pièces des Rayons et Ombres, *Cæruleum Mare*, où s'exprime l'idée qu'éveille le spectacle de l'Océan, et *Oceano Nox*, où se traduit plus fortement le sentiment qui se dégage de ses murmures. On aura dans ces quatre odes comme un prélude de cette symphonie immense de la mer, que Hugo écrira plus tard, et qu'il jettera par lambeaux à travers ses chants lyriques, ses romans, ses satires, ses épopées.

LES RAYONS ET LES OMBRES.

On peut rapprocher, sur d'autres points, *les Rayons et les Ombres* des *Voix intérieures*. L'un et l'autre de ces deux recueils offrent, dans un petit nombre de pièces, de facture exquise, l'union très heureuse de deux éléments très divers, la nature et l'art, associés ici d'une façon presque classique. On songe à Versailles et à la préface de la *Psyché* de La Fontaine, quand le poète s'achemine

Vers la grotte où le lierre
Met une barbe verte au vieux fleuve de pierre !

Et lui-même, en décrivant le parc austère, au grand « bassin dormant, » où moisit maintenant « un Neptune verdâtre » et où jadis le roi Louis, tenant par la main ou Caussade ou Candale, errait sous les ombrages, il éveille, non sans raillerie, le souvenir des rimes de Boileau.

Cette inspiration si gracieuse gagne, d'un volume à l'autre, en profondeur mélancolique, et elle produit, sous le titre de *la Statue*, ce délicieux entretien avec le Faune isolé, immobile, oublié « dans sa gaine de marbre. » La musique seule égalerait ce que produit ici la poésie, évoquant, avec je ne sais quel ineffable mystère, les élégances somptueuses, royales, galantes du passé, dans ce puissant paysage d'hiver :

D'autres arbres plus loin croisaient leurs sombres fûts ;
Plus loin d'autres encore, estompés par l'espace,
Poussaient dans le ciel gris où le vent du soir passe,
Mille petits rameaux noirs, tordus et mêlés,
Et se posaient partout, l'un par l'autre voilés,
Sur l'horizon, perdu dans les vapeurs informes,
Comme un grand troupeau roux de hérissons énormes.
Rien de plus. Ce vieux faune, un ciel morne, un bois noir.

Poésie ou musique, à quel art rattacher la méditation sur « l'Orphée moderne, » le vieux maître Palestrina ?

Ecoutez, écoutez ! du maître qui palpite,
Sur tous les violons l'archet se précipite.
L'orchestre tressaillant rit dans son antre noir.
Tout parle. C'est ainsi qu'on entend sans les voir,
Le soir, quand la campagne élève un sourd murmure,
Rire les vendangeurs dans une vigne mûre.
Comme sur la colonne un frêle chapiteau,
La flûte épanouie a monté sur l'alto.
Les gammes, chastes sœurs dans la vapeur cachées,
Vidant et remplissant leurs amphores penchées,
Se tiennent par la main et chantent tour à tour,
Tandis qu'un vent léger fait flotter alentour,
Comme un voile folâtre autour d'un divin groupe,
Ces dentelles du son que le fifre découpe.

Ciel ! voilà le clairon qui sonne. A cette voix,
Tout s'éveille en sursaut, tout bondit à la fois.
La caisse aux mille échos, battant ses flancs énormes,
Fait hurler le troupeau des instruments difformes,
Et l'air s'emplit d'accords furieux et sifflants
Que les serpents de cuivre ont tordus dans leurs flancs.
Vaste tumulte où passe un hautbois qui soupire !
Soudain du haut en bas le rideau se déchire :
Plus sombre et plus vivante à l'œil qu'une forêt,
Toute la symphonie en un hymne apparaît.
Puis, comme en un chaos qui reprendrait un monde,
Tout se perd dans les plis d'une brume profonde.
Chaque forme du chant passe en disant : Assez !
Les sons étincelants s'éteignent dispersés.
Une nuit qui répand ses vapeurs agrandies
Efface le contour vague des mélodies,
Telle que des esquifs dont l'eau couvre les mâts,
Et la strette jetant sur leurs confus amas
Ses tremblantes lueurs largement étalées
Retombe dans cette ombre en grappes étoilées !

O concert qui s'envole en flamme à tous les vents !
Gouffre où le crescendo gonfle ses flots mouvants !
Comme l'âme s'émeut ! Comme les cœurs écoutent !
Et comme cet archet d'où les notes dégouttent,
Tantôt dans la lumière et tantôt dans la nuit,
Remue avec fierté cet orage de bruit !

. . . . . . . . . . . . . . . .

Singulière puissance du génie ! Il entre de plain-pied, et sans effort, de l'art où il règne en maître dans les arts qui lui semblent le plus fermés. Hugo n'a point reçu d'instruction musicale; il n'a point cherché à y remédier, même superficiellement, par l'audition fréquente des musiciens ; mais, d'instinct, il a évité de s'associer à l'admiration banale des gens de son temps pour les manifestations vulgaires de l'art le plus tenu de s'élever, et, quand il veut glorifier un maître de l'harmonie, il ne se prosterne pas devant des idoles de bois doré, de carton-pierre ou de simili-bronze; il n'adore que les vrais dieux. Et lui-même il saisit l'archet, et il conduit l'orchestre, et il en explique les voix, avec une intuition des ressources symphoniques, avec un bonheur d'images, une puissance de transcription, de transposition des effets, qui confond les initiés.

Comme dans les *Voix intérieures*, la Nature, dans *les Rayons et les Ombres*, occupe une place très large. Elle paraît ici pour la première fois dans ce rôle d'éducatrice que Hugo lui conservera jusque dans ses poèmes des derniers jours (*l'Ane*). Tout le monde a dans la mémoire les souvenirs des Feuillantines ; pour en parler ici, ce serait un abus que dépasser l'allusion.

On peut en dire autant de la *Tristesse d'Olympio*. Qui n'a lu cette sonate pathétique où gémit le souvenir douloureux de l'amour passé, tandis que le bois, la fontaine, les chambres de feuillage, jadis témoins et complices de ces tendresses, poursuivent, dans l'oubli de tout, leur rythme régulier, fatal, inconscient, et enchantent d'autres amoureux de leurs sereines harmonies ? Qui n'a comparé cette élégie inoubliable au *Lac* de Lamartine, au *Souvenir* d'Alfred de Musset ? Qui n'a cru, à vingt ans, que, des trois poètes traitant le même sujet, Hugo fut le moins inspiré ? Qui peut le croire après avoir vécu ? Les vers profonds, révélateurs du mystère de l'âme, surgissent ici à chaque strophe ; ils traversent la trame de l'œuvre comme autant de traits lumineux.

. . . . . . Nos pensées
S'envolent un moment sur leurs ailes blessées,
Puis retombent soudain.
. . . . . . . . . . . . . . . . . . . . . . . . .
Les fils mystérieux où nos cœurs sont liés.
. . . . . . . . . . . . . . . . . . . . . . . . .
Ma maison me regarde et ne me connaît plus.
. . . . . . . . . . . . . . . . . . . . . . . . .
L'impassible nature a déjà tout repris.

Et quelle couleur revêt ici la pensée ! Beaucoup d'images, même dans Hugo, dans le Hugo de la *Légende*, ont-elles la nouveauté, le charme saisissant de celles-ci ?

Les grands chars gémissants qui reviennent le soir.
. . . . . . . . . . . . . . . . . . . . . . . . .
Vers quelque source en pleurs qui sanglote tout bas.
. . . . . . . . . . . . . . . . . . . . . . . . .

Comme un essaim chantant d'histrions en voyage
Dont le groupe décroît derrière le coteau.

. . . . . . . . . . . . . . . .

Dans ces jours où la tête au poids des ans s'incline,
Où l'homme, sans projets, sans but, sans visions,
Sent qu'il n'est déjà plus qu'une tombe en ruine
Où gisent ses vertus et ses illusions ;

Quand notre âme en rêvant descend dans nos entrailles,
Comptant dans notre cœur, qu'enfin la glace atteint,
Comme on compte les morts sur un champ de batailles,
Chaque douleur tombée et chaque songe éteint,

Comme quelqu'un qui cherche en tenant une lampe,
Loin des objets réels, loin du monde rieur,
Elle arrive à pas lents par une obscure rampe
Jusqu'au fond désolé du gouffre intérieur ;

Et là dans cette nuit qu'aucun rayon n'étoile,
— L'âme, en un repli sombre où tout semble finir,
Sent quelque chose encor palpiter sous un voile. —
C'est toi qui dors dans l'ombre, ô sacré souvenir !

On a dit des *Rayons et des Ombres* que le poète y résumait en quelque sorte toute son œuvre lyrique antérieure. On y retrouverait, par exemple, l'inspiration dominante des *Feuilles d'automne*, c'est-à-dire les souvenirs de l'enfance, et l'expression des sentiments qui se rattachent au foyer, l'amitié fraternelle, l'amour filial, l'adoration, ou, pour emprunter le mot de Sévigné, la triple « idolâtrie » de la mère, de l'épouse, et des enfants. Ce serait la « pitié aumônière » déjà exprimée dans les *Chants du crépuscule*, qui reparaitrait dans des pièces comme la *Rencontre* des quatre enfants sans parents, sans abri, sans souliers et sans pain.

Je n'énumère pas jusqu'au bout ces prétendues analogies ; car je suis beaucoup plus frappé des différences. Ce n'est pas aux écrits antérieurs de Hugo que ces pièces me font penser : j'y vois déjà l'idée et le dessein des grands écrits de sa maturité. Je trouve dans la *Rencontre* un avant-goût de la satire toute sociale des *Contemplations*, et je démêle un coin de la philosophie des *Misérables* dans cette leçon que la nature donne à l'homme, en prodiguant aux mendiants toutes les douceurs de la tiède saison.

Et son œil ne vit rien que l'éther calme et chaud,
Le soleil bienveillant, l'air plein d'ailes dorées,
Et la sérénité des voûtes azurées,
Et le bonheur, les cris, les rires triomphants
Qui des oiseaux du ciel tombaient sur ces enfants.

C'est encore à la doctrine philosophique des *Contemplations*, non pas à la religion des premiers écrits, que nous achemine la pièce, où le poète, après avoir jeté un regard sur le problème du destin, relève des yeux effarés comme s'il avait aperçu quelque puits insondable :

Cryptes ! palais ! tombeaux, pleins de vagues tonnerres !
Vous êtes moins brumeux, moins noirs, moins ignorés,
Vous êtes moins profonds et moins désespérés,
Que le destin, cet astre habité par nos craintes,
Où l'âme entend, perdue en d'affreux labyrinthes,
Au fond, à travers l'ombre, avec mille bruits sourds,
Dans un gouffre inconnu tomber le flot des jours !

Si ce gouffre rappelle une conception de Hugo, c'est sûrement la *Bouche d'ombre*.

Et quand on a lu les poèmes de la vieillesse de Hugo, quand on a l'esprit encore ému de cette sanction morale jusqu'à laquelle s'était haussé son cœur de patriarche, la suprême pitié, n'est-on pas en droit de vouloir retrouver comme un lointain pressentiment de cette évolution dernière, dans les vers par où le recueil des chants de jeunesse finit :

Et de ce triple aspect des choses d'ici-bas,
De ce triple conseil que l'homme n'entend pas,
Pour mon cœur où Dieu vit, où la haine s'émousse,
Sort une bienveillance universelle et douce
Qui dore comme une aube et d'avance attendrit
Le vers qu'à moitié fait j'emporte en mon esprit,
Pour l'achever aux champs avec l'odeur des plaines,
Et l'ombre du nuage et le bruit des fontaines !

Mais la lecture des *Rayons et des Ombres* révèle autre chose que les desseins poétiques de

Hugo : elle fait prévoir son entrée dans la politique. Chez Victor Hugo, les ambitions d'homme d'Etat ont pris leur source dans l'idée qu'il se fait de la mission du poète. Nous avons dit qu'il lui donnait les attributs du *vates* antique, et faisait de lui l'interprète de Dieu, l'oracle « de l'éternelle vérité. » Il se prend ici pour un visionnaire, pour un prophète, dans le sens biblique du mot :

Pour des regards distraits la France était sereine,
Mais dans ce ciel troublé d'un peu de brume à peine,
Où tout semblait azur, où rien n'agitait l'air,
Lui, rêveur, il voyait par instants un éclair !

Ce qu'il y avait de fâcheux dans cette conviction, c'est qu'elle allait détourner Hugo de sa « fonction » vraie, et contrarier son instinct naturel. La coulée lumineuse de poésie lyrique sur laquelle il nous a paru essentiel d'arrêter longtemps les regards du lecteur, va se refroidir, s'obscurcir, s'arrêter. Mais de nouveau, à dater de l'exil, elle débordera, et pour un très long temps, avec l'éclat brûlant et le fracas majestueux d'une éruption volcanique.

VICTOR HUGO EN 1847.
(fac-similé d'une litographie d'après nature)

# LE DRAME

Quand Hugo écrivit *Cromwell*, il atteignait à peine à ses vingt-cinq ans; il en avait quatre-vingts passés, lorsque parut *Torquemada*. Toutefois, la production dramatique ne se rencontre, au début ou à la fin de la carrière poétique de Hugo, qu'à titre d'exception. Elle s'est concentrée dans une période de treize années, comprise entre le mois de février 1830, où *Hernani* souleva l'enthousiasme au Théâtre-Français, et le mois de mars 1843, où, sur la même scène, eut lieu la chute mémorable des *Burgraves*. Elle comprend donc, pour les œuvres en vers, les seules qui rentrent dans le plan de cet ouvrage sur le poète, *Hernani*, *Marion De Lorme*, *Le Roi s'amuse*, *Ruy Blas*, et les *Burgraves*. *Cromwell* et *Torquemada* sont deux écrits à part : dans l'un, Hugo n'a pas encore trouvé sa formule dramatique, en dépit des fameuses préfaces; dans l'autre, Hugo ne s'inquiète plus de retrouver le moule trop étroit où il avait coulé ses pièces de théâtre.

Qu'est-ce que *Cromwell*? une tragédie démesurée. Les unités n'y sont pas plus sacrifiées que dans le *Cid* ; le lieu de la scène varie trois fois ; le décor change à tous les actes ; mais l'action est une, et elle se développe dans les vingt-quatre heures réglementaires. Peut-être la pièce déborde-t-elle un peu dans la nuit qui précède le premier jour et dans le jour qui succède à la seconde nuit ; Hugo lui-même nous fait observer que son drame « ne sort pas de Londres ; qu'il commence le 25 juin 1657, à trois heures du matin, et finit le 26 à midi. On voit, ajoute-t-il, qu'il entrerait presque dans la prescription classique, telle que les professeurs de poésie la rédigent maintenant. » La tragédie nouvelle est entrée, en effet, dans le corset à vertugadin ; mais il a fallu desserrer les lacets, et l'étoffe craque aux coutures.

Le sujet est pourtant entendu à la façon classique, c'est-à-dire qu'il développe une action très simple, et réductible, en quelque sorte, à une seule situation. La tragédie d'*Andromaque*, de Racine, pourrait, à la rigueur, se ramener à cette formule : Andromaque, veuve d'Hector et mère d'Astyanax, épousera-t-elle Pyrrhus ? Le drame de *Cromwell* ne peut non plus donner lieu qu'à cette question : Le Protecteur sera-t-il roi ? La question se pose au premier acte, et, comme dans une pièce de Racine, elle reçoit à chaque acte suivant, non pas une solution, mais une réponse provisoire. *Oui*, dit le

second acte, au moment où le rideau tombe ;
*non*, dit le troisième acte, quand il arrive à sa
conclusion. Oui et non, dit tour à tour l'acte
quatrième ; mais le rideau tombe une fois de plus
sur le mot oui : Décidément non, voilà la solution qu'apporte le cinquième acte.

Ainsi, de ce drame énorme, si l'on voulait
ébrancher tout ce qui ne tient pas à l'action, il
resterait à peine la matière d'une tragédie classique. Tragédie ou drame, c'est, par bien des
côtés, une œuvre d'imitation. Le jeune auteur
a lu Shakespeare, et il se souvient d'*Hamlet*, de
*Macbeth*, en plus d'un endroit. Le « Tu seras
roi » se retrouve dans la formule « Honneur au
roi Cromwell » que le Protecteur a par trois fois
entendue en songe. *Macbeth* a fourni encore
l'idée du réveil de Rochester, visiblement calqué
sur le réveil du portier...

Suis-je déjà perdu ? Serais-je dans l'enfer ?
Ce palais flamboyant, ces spectres, ces armées
De démons secouant des torches enflammées,
C'est l'enfer !

*Jules César* a inspiré plus d'une scène de cette
pièce, dont le sujet est également une conspiration. C'est bien un effet à la Shakespeare que ce
revirement de la foule, exprimant d'abord par un
silence plein d'éloquence ses sentiments hostiles pour Cromwell, et dès que Cromwell a parlé,

huant les conjurés, jetant l'un d'eux à la Tamise (acte V, dernière scène).

Mais les classiques peuvent aussi réclamer leur bien. Le coup de théâtre du troisième acte est emprunté au dénouement original de *Rodogue*. Le narcotique offert par Rochester au Protecteur est bu, comme le poison dans la tragédie de Corneille, par la bouche même qui l'offre.

LORD ROCHESTER, *à part.*

Le vase est plein.
Il faut que Noll le boive. Il va faire un fier somme !
J'ai mis toute la fiole ! — Hé ! je sers le pauvre homme
Je l'arrache aux remords ; grâce à mes soins d'ami,
Il n'aura de longtemps, d'honneur, si bien dormi !

(*Il prend le plat des mains du page, et il le présente à Cromwell.*
(*Haut.*)

Milord....

(*A part.*)

Il faut encor de la cérémonie.

(*Haut.*)

Buvez cette liqueur que mes mains ont bénie.

CROMWELL, *ricanant.*

Ah ! vous l'avez bénie ?

LORD ROCHESTER

Oui....

(*A part.*)

Quel regard !

CROMWELL.

Fort bien.
Ce breuvage, est-ce pas, me doit faire du bien ?

LORD ROCHESTER.

Oui, l'hypocras contient une vertu suprême
Pour bien dormir, Mylord.

CROMWELL.

Alors, buvez vous-même !

*Il prend le gobelet sur le plat et le lui présente brusquement.)*

LORD ROCHESTER, *épouvanté et reculant.*

Milord....

*(A part.)*

Quel coup de foudre !....

CROMWELL, *avec un sourire équivoque.*

Eh bien ! vous hésitez ?
Accoutumez-vous donc, jeune homme, à nos bontés.
Vous n'êtes pas au bout encor.... Prenez, mon maître !
Surmontez le respect, qui vous trouble peut-être,
Buvez. —

*Il force Rochester confondu à prendre le gobelet.*

Saviez-vous pas que nous vous chérissions ?
Que retombent sur vous vos bénédictions !

LORD ROCHESTER, *à part.*

Je suis écrasé !

*(Haut.)*

Mais, Milord...

CROMWELL.

Buvez, vous dis-je !

LORD ROCHESTER, *à part.*

Il s'est depuis tantôt passé quelque prodige.

(*Haut.*)

Je vous jure...

CROMWELL.

Buvez ; vous jurerez après.

LORD ROCHESTER, *à part*.

Et notre grand complot ? et nos savants apprêts ?

CROMWELL.

Buvez donc !

LORD ROCHESTER, *à part.*

Noll' encor nous surpasse en malice.

CROMWELL.

Vous vous faites prier ?

LORD ROCHESTER, *à part.*

Buvons donc ce calice !

*Il boit.*

CROMWELL, *avec un rire sardonique.*

Comment le trouvez-vous ?

LORD ROCHESTER, *remettant le gobelet sur la table.*

Que Dieu sauve le Roi

Il faudrait reporter aussi dans l'arsenal dramatique classique le songe, les tirades, les vers à effet, les inversions, les expressions surannées, les formules de style noble. A côté du vers cor-

nélien et du vers imagé, du parler familier et
de la touche pittoresque, Cromwell abonde en
traits vieillis, en détails d'une élégance pompeuse, à rendre jaloux Parseval-Grandmaison.

Ce qui appartient à Hugo, c'est un charme piquant de couleur locale répandu sur tout le sujet.

LORD ORMOND, *vivement.*

Saint-George! à la douceur je ne suis pas enclin.
Pour une goutte d'eau déborde un vase plein.
— Milord! Le pire fat qui dans Paris s'étale,
Le dernier dameret de la place Royale,
Avec tous ses plumets sur son chapeau tombants,
Son rabat de dentelle et ses nœuds de rubans,
Sa perruque à tuyaux, ses bottes évasées,
A l'esprit, moins que vous, plein de billevesées !

LORD ROCHESTER, *furieux.*

Milord! vous n'êtes point mon père !... A vos discours
Vos cheveux gris pourraient porter un vain secours.
Votre parole est jeune et nous fait de même âge.
Vous me rendrez, pardieu, raison de cet outrage !

LORD ORMOND.

De grand cœur ! — Votre épée au vent, beau damoiseau !

*Ils tirent tous deux leurs épées.*

D'honneur ! je m'en soucie autant que d'un roseau !

*Ils croisent leurs épées.*

DAVENANT, *se jetant entre eux.*

Milords, y pensez-vous ? — La paix ! la paix sur l'heure !

LORD ROCHESTER, *ferraillant.*

L'ami ! la paix est bonne, et la guerre est meilleure.

DAVENANT, *s'efforçant de les séparer.*

Si le crieur de nuit vous entendait ?....

*On frappe à la porte.*

Je croi

Qu'on frappe....

*On frappe plus fort.*

Au nom de Dieu, Milords !

*Les combattants continuent. Voix* (au dehors).

Au nom du Roi !

*Les deux adversaires s'arrêtent et baissent leurs épées.*

La pièce est une galerie de portraits, ou, si l'on veut, de mannequins d'atelier très richement et très exactement vêtus. On a cette impression, qui se retrouvera d'un bout à l'autre du théâtre de Hugo, que l'on visite une merveilleuse collection d'armes et de costumes sous les lambris d'un vieux palais. Les décors sont brossés, et il ne reste aux peintres qu'à glaner un détail ou deux, après tous ceux que le poète a moissonnés, pour reconstituer la salle des Banquets à White-hall, la chambre peinte, la grand'salle de Westminster. Dans ces cadres majestueux, toute une foule tient à l'aise, et, à l'exemple de Shakespeare, l'auteur de *Cromwell* introduit l'acteur aux mille têtes, le peuple ; s'il n'a pas encore le pouvoir de le faire agir, il le fait parler, s'agiter d'une façon assez nouvelle.

SYNDERCOMB, *bas à Garland.*

Carr est le seul de nous qui soit homme.

VOIX DANS LA FOULE.

Hosannah !
Gloire aux saints ! Gloire au Christ ! Gloire au Dieu du
[Sina !
— Longs jours au Protecteur !

*Syndercomb, exaspéré par les imprécations de Carr et les acclamations du peuple, tire son poignard et s'élance vers l'estrade.*

SYNDERCOMB, *agitant son poignard.*

Mort au roi de Sodome !

LORD CARLISLE, *aux hallebardiers.*

Arrêtez l'assassin.

CROMWELL, *écartant le garde du geste.*

Faites place à cet homme.

(*A Syndercomb.*)

Que voulez-vous ?

SYNDERCOMB.

Ta mort.

CROMWELL.

Allez en liberté,
Allez en paix.

SYNDERCOMB.

Je suis le vengeur suscité.
Si ton cortège impur ne me fermait la bouche....

CROMWELL, *faisant signe aux soldats de le laisser libre.*

Parlez.

SYNDERCOMB.

Ah! ce n'est point un discours qui te touche.
Mais si l'on n'arrêtait mon bras....

CROMWELL.

Frappez.

SYNDERCOMB, *faisant un pas et levant sa dague.*

Meurs donc
Tyran!

*Le peuple se précipite sur lui et le désarme.*

VOIX DANS LA FOULE.

Quoi! par le meurtre il répond au pardon!
Périsse l'assassin! Meure le parricide!

*Syndercomb est entraîné hors de la Salle.*

CROMWELL, *à Thurloe*

Voyez ce qu'ils en font?

VOIX DU PEUPLE

Assommez le perfide!

CROMWELL.

Frères, je lui pardonne. Il ne sait ce qu'il fait.

VOIX DU PEUPLE.

A la Tamise! à l'eau!

*Rentre Turloe.*

THURLOË, *à Cromwell.*

Le peuple est satisfait.
La Tamise a reçu le furieux apôtre.

CROMWELL, *à part.*

La clémence est, au fait, un moyen comme un autre.
C'est toujours un de moins.... Mais qu'à de tels trépas
Ce bon peuple pourtant ne s'accoutume pas.

*Hernani* fut écrit en vingt-cinq jours. La censure prononça sur l'œuvre cet étrange jugement : « Il est d'une sage politique de n'en pas retrancher un mot. Il est bon que le public voie jusqu'à quel point d'égarement peut aller l'esprit humain, affranchi de toute règle et de toute bienséance. » Quelques académiciens pétitionnèrent auprès du roi, pour qu'il interdit à la pièce nouvelle l'accès de la Comédie-Française. Charles X répondit, non sans à propos, « qu'en fait de littérature, il n'avait que sa place au parterre. » L'œuvre fut donc jouée, ou, pour parler plus justement, la bataille fut engagée le 25 février 1830. On a raconté bien des fois comment les jeunes gens du groupe romantique vinrent soutenir leur vaillant chef, comment les bravos et les sifflets se mêlèrent pendant plusieurs soirs, comment la jeune armée littéraire, battue sur quelques points, remporta, dès le premier jour, des avantages décisifs, comment telle tirade épique, le monologue de Don Carlos au tombeau de Charlemagne notamment, subjugua par sa majesté jusqu'aux railleurs les plus hostiles, comment surtout cette fleur d'héroïsme, cette hauteur de vertu castillane, cette tendresse emportée qui remplissent la fin du drame, enivrèrent tous les esprits. Un souffle de passion amoureuse exalte tous les personnages de ce drame; un accent d'héroïsme juvénile, étrange, et parfois emphatique, y résonne et en fait vibrer tous les vers. La plus haute émotion qu'on puisse exciter au théâtre se dégage du quatrième acte, où le ressort cornélien de l'admiration est mis en œuvre une fois de plus et puissamment renouvelé par la clémence inattendue de Don Carlos proclamé empereur.

DON CARLOS, *l'œil fixé sur sa bannière.*

L'empereur est pareil à l'aigle, sa compagne.
A la place du cœur il n'a qu'un écusson.

HERNANI.

Ah! vous êtes César!

DON CARLOS, *à Hernani.*

De ta noble maison,
Don Juan, ton cœur est digne.

*Montrant dona Sol.*

Il est digne aussi d'elle.
— A genoux, duc.

(*Hernani s'agenouille. Don Carlos détache sa toison d'or et la lui passe autour du cou.*)

Reçois ce collier.

*Don Carlos tire son épée et l'en frappe trois fois sur l'épaule.*

Sois fidèle !
Par saint Etienne, duc, je te fais chevalier.

. . . . . . . . . . . . . . . . .

*Aux conjurés.*

Je veux tout oublier. Allez, je vous pardonne !
C'est la leçon qu'au monde il convient que je donne.
Ce n'est pas vainement qu'à Charles premier, roi,
L'empereur Charles-Quint succède, et qu'une loi
Change, aux yeux de l'Europe, orpheline éplorée,
L'altesse catholique en majesté sacrée.

. . . . . . . . . . . . . . . . .

DOM CARLOS, *seul. Il s'incline devant le tombeau de Charlemagne.*

. . . . . . . . Es-tu content de moi ?
Ai-je bien dépouillé les misères du roi,
Charlemagne ? Empereur, suis-je bien un autre homme ?
Puis-je accoupler mon casque à la mitre de Rome ?
Aux fortunes du monde ai-je droit de toucher ?
Ai-je un pied sûr et ferme, et qui puisse marcher
Dans ce sentier, semé des ruines vandales,
Que tu nous as battu de tes larges sandales ?
Ai-je bien à ta flamme allumé mon flambeau ?
Ai-je compris la voix qui parle en ton tombeau ?
— Ah ! j'étais seul, perdu, seul devant un empire,
Tout un monde qui hurle, et menace, et conspire;
Le Danois à punir, le Saint-Père à payer,
Venise, Soliman, Luther, François premier,
Mille poignards jaloux, luisant déjà dans l'ombre,
Des pièges, des écueils, des ennemis sans nombre.
Vingt peuples dont un seul ferait peur à vingt rois,
Tout pressé, tout pressant, tout à faire à la fois;
Je t'ai crié : — Par où faut-il que je commence ?
Et tu m'as répondu : — Mon fils, par la clémence !

C'est le ressort racinien de la pitié qui a fourni à l'auteur d'*Hernani* tout le pathétique du cinquième acte. Les deux êtres, que tout semblait séparer à jamais, sont unis. La tendresse déborde du cœur de ces jeunes époux, et, cherchant une forme de langage qui l'exprime, elle s'identifie avec la douceur de la nuit et la sérénité des astres :

Tout s'est éteint, flambeaux et musique de fête.
Rien que la nuit et nous. Félicité parfaite !
. . . . . . . . . . . . . .
Pas un nuage au ciel. Tout, comme nous, repose.
Viens, respire avec moi l'air embaumé de rose !
Regarde. Plus de feux, plus de bruit. Tout se tait.
La lune tout à l'heure à l'horizon montait.
Tandis que tu parlais, sa lumière qui tremble
Et ta voix, toutes deux m'allaient au cœur ensemble.

Et voici l'amour et la haine en présence. La haine est implacable ; l'amour semble succomber. L'approche de la mort lui révèle qu'il est immortel ; il voit « des feux dans l'ombre » ; il a sondé d'un suprême regard l'éternité qui lui reste.

..... Vers des clartés nouvelles
Nous allons tout à l'heure ensemble ouvrir nos ailes.
Partons d'un vol égal vers un monde meilleur.

La loi des contrastes domine fortement

toutes les conceptions dramatiques de Victor Hugo, et s'applique également à la conduite de la pièce, au développement de l'intrigue, à la construction des personnages, à l'expression des caractères et des mœurs. On peut le vérifier à l'occasion de *Marion De Lorme*. Deux figures traversent toute la pièce, en s'opposant, pour ainsi dire, trait pour trait, en se contredisant parole pour parole : Saverny, noble, élégant, insouciant, gai, lumineux ; Didier, sans famille, passionné, mélancolique, et comme vêtu d'ombre. Si romanesque et si artificiel que soit ce personnage de Didier, il exprime pourtant certains traits de la physionomie de Hugo lui-même ; telle aventure de la première jeunesse de l'auteur, par exemple son duel à Versailles avec un garde du corps, s'est reflétée dans l'œuvre et a inspiré la scène que voici :

SAVERNY, *à Didier.*

Holà ! hé ! l'homme au grand manteau !
L'ami ! — Mon cher ! —

*A Brichanteau.*

Je crois qu'il est sourd, Brichanteau.

DIDIER, *levant lentement la tête.*

Me parlez-vous?

SAVERNY.

Pardieu ! — Pour récompense honnête,
Lisez-nous l'écriteau placé sur votre tête.

DIDIER.

Moi !

SAVERNY.

Vous. Savez-vous pas épeler l'alphabet ?

DIDIER, *se levant*.

C'est l'édit qui punit tout bretteur du gibet,
Qu'il soit noble ou vilain.

SAVERNY.

Vous vous trompez, brave homme.
Sachez qu'on ne doit pas pendre un bon gentilhomme ;
Et qu'il n'est dans ce monde, où tous droits nous sont dus,
Que les vilains qui soient faits pour être pendus.

(*Aux gentilshommes.*)

Ce peuple est insolent !

*(Didier en ricanant).*

Vous lisez mal, mon maître !
Mais vous avez la vue un peu basse peut-être.
Otez votre chapeau, vous lirez mieux. Otez !

DIDIER, *renversant la table qui est devant lui*.

Ah ! prenez garde à vous, Monsieur ! vous m'insultez.
Maintenant que j'ai lu, ma récompense honnête,
Il me la faut ! — Marquis, c'est ton sang, c'est ta tête !

SAVERNY, *souriant*.

Nos titres à tous deux, certes, sont bien acquis.
Je le devine peuple, il me flaire marquis.

DIDIER.

Peuple et marquis pourront se colleter ensemble.
Marquis, si nous mêlions notre sang, que t'en semble ?

SAVERNY, *reprenant son sérieux.*

Monsieur, vous allez vite, et tout n'est pas fini.
Je me nomme Gaspard, marquis de Saverny.

DIDIER.

Que m'importe?

SAVERNY, *froidement.*

Voici mes deux témoins. Le comte
De Gassé, l'on n'a rien à dire sur son compte,
Et monsieur de Villac, qui tient à la maison
La Feuillade, dont est le marquis d'Aubusson.
Maintenant êtes-vous noble homme?

DIDIER.

Que t'importe?
Je ne suis qu'un enfant trouvé sur une porte,
Et je n'ai pas de nom. Mais cela suffit bien.
J'ai du sang à répandre en échange du tien!

SAVERNY.

Non pas, Monsieur, cela ne peut suffire, en somme.
Mais un enfant trouvé de droit est gentilhomme,
Attendu qu'il peut l'être; et que c'est plus grand mal
Dégrader un seigneur qu'anoblir un vassal.
Je vous rendrai raison. — Votre heure?

DIDIER.

Tout de suite

SAVERNY.

Soit. — Vous n'usurpez pas la qualité susdite?

DIDIER.

Une épée!

SAVERNY.

Il n'a pas d'épée! Ah! pasque dieu!
C'est mal. On vous prendrait pour quelqu'un de bas lieu.

*Offrant sa propre épée à Didier*

La voulez-vous? Elle est fidèle et bien trempée.

L'ANGELY, *fou du roi, offrant la sienne.*

Pour faire une folie, ami, prenez l'épée
D'un fou. — Vous êtes brave, et lui ferez honneur.

*Ricanant.*

En échange, écoutez, pour me porter bonheur
Vous me laisserez prendre un bout de votre corde.

DIDIER, *prenant l'épée*

Soit. Maintenant Dieu fasse aux bons miséricorde!

BRICHANTEAU, *sautant de joie.*

Un bon duel! c'est charmant!

SAVERNY, *à Didier.*

Mais où nous mettre?

DIDIER.

Sous
ce réverbère.

GASSÉ.

Allons! messieurs, êtes-vous fous?
On n'y voit pas. Ils vont s'éborgner, par saint Georges!

DIDIER

On y voit assez clair pour se couper la gorge.

SAVERNY.

on dit.

VILLAC.

On n'y voit pas !

DIDIER.

On y voit assez clair,
Vous dis-je ! et chaque épée est dans l'ombre un éclair!
Allons, marquis !

*Tous deux jettent leurs manteaux, ôtent leurs chapeaux, dont ils se saluent et qu'ils jettent derrière eux. Puis ils tirent leurs épées.*

SAVERNY.

Monsieur, à vos ordres.

DIDIER.

En garde !

C'est encore le souvenir d'un événement réel qui a suggéré au poète ce cruel dénouement du drame intitulé *le Roi s'amuse*. Le père de Victor Hugo avait été, pour ainsi dire, le témoin d'une très tragique aventure. C'était pendant la guerre de Vendée. Un soldat de l'armée du Rhin revenait au pays, en congé de convalescence. Aux approches de son village, il descend de la diligence, afin d'abréger le chemin. Un paysan le voit passer, l'ajuste derrière une haie, le tue, le dépouille en toute hâte. Il apporte au logis le havresac et la feuille de route du mort. Sa femme et lui sont illettrés ; mais un voisin lit le papier, et leur apprend que le mort est leur fils. La mère saisit un couteau et se tue ; le meurtrier va se remettre aux mains de la justice. Cette fatalité sanglante a fait tant d'impression sur l'imagination de Hugo qu'il a transporté la situation dans son roman de *Notre-Dame de Paris*, où la Sachette fait tuer sa fille Esméralda, et dans Lucrèce Borgia, où Gennaro est perdu par la volonté maternelle : de même dans *le Roi s'amuse*, Triboulet, ce père qui n'aime au monde qu'un seul être, sa fille Blanche, paiera de tout son or le coup d'épée qui la tuera.

Dans *Ruy Blas*, Hugo semble avoir voulu égaler les conditions les plus extrêmes, en faisant aimer un laquais par une reine, ou même avait voulu unir ces extrêmes dans une seule condition, en faisant de ce laquais le plus misérable et le plus glorieux, le plus faible et le plus héroïque des hommes. Mais ce sujet singulier est traité avec plus de dextérité de main qu'aucune pièce dramatique de Hugo ; et il suffirait, pour avoir l'idée des mérites de structure de ce drame, de le réduire au scénario. Le premier acte est si vif, si promptement noué dans son exposition déjà très dramatique ; le second nous présente un tableau si touchant de l'abandon de la jeune reine, il est si gracieusement romanesque dans le détail des aventures mystérieuses de l'inconnu qui risque sa vie pour apporter à l'exilée la petite fleur bleue du pays natal ; le troisième offre un coup de théâtre si saisissant, quand l'arrivée de don Salluste, et les ordres qu'il donne à son valet devenu grand seigneur, éveillent le malheureux Ruy Blas de son rêve d'amour et de gloire ; le quatrième, tout entier rempli par l'aventurier à la fois héroïque comme le Cid et plaisant comme Mascarille qui a nom don César, pétille d'une gaieté si vive et d'un éclat de coloris si poétique ; le cinquième, où la reine pardonne au laquais qui s'est donné la mort, et verse sur lui des larmes de pitié, peut-être de tendresse, fait succéder à toute cette gaîté folle de l'acte ou, pour parler pour justement, de l'intermède précédent, des scènes si pathétiques ! Il attendrit, non pas comme le dénouement du *Cid*, ou même comme celui d'*Andromaque*, mais comme la conclusion mélancolique d'un roman.

Mais ce qui fait surtout de *Ruy Blas* l'œuvre peut-être la plus précieuse du théâtre de Hugo, c'est le charme du style et sa splendeur toute lyrique. Comment veut-on que l'auteur des *Orientales*, abordant ce sujet espagnol, se retienne, et résiste à l'envie de faire étinceler son coloris, de donner à tous ses personnages des attitudes, des costumes, des physionomies à faire envie à Vélasquez ?

Dans ce sujet naturellement ouvert à la fantaisie, comment cette imagination de poète, éprise d'idéal et affamée de merveilleux, n'aiderait-elle pas le fantastique à triompher? « J'habite dans la lune, » dit un des personnages du drame ; le dramaturge n'est-il pas de ceux qui, « rêveurs, » « écoutent les récits »

> Et souhaitent le soir, devant leur porte assis,
> De s'en aller dans les étoiles ?

Les drames d'*Hernani* et de *Ruy Blas* sont tout imprégnés de lyrisme : qu'est-ce que le drame des *Burgraves*, sinon une épopée? Les personnages, ici, prennent un caractère symbolique. Otto, Magnus et Job représentent trois siècles; l'idée féodale s'exprime et agit par leur intermédiaire ; l'idée impériale, après une éclipse de tant d'années, reparaît et triomphe avec Frédéric Barberousse, et la légende, plus vraie que l'histoire, a bien raison de le ressusciter. « Je n'ai plus rien d'humain, dit Guanhumara, je suis le meurtre et la vengeance ; » les prisonniers, qui la contemplent d'un regard terrifié, murmurent tout bas: « Cette esclave est la haine. » Ce drame n'est plus une lutte entre des êtres passionnés; c'est le conflit des passions mêmes.

Le cadre a les proportions légendaires du sujet. Le repaire féodal, qui retentit en même temps du cliquetis des entraves et du choc des verres, garde l'écho de douleurs plus sinistres et de fêtes plus colossales ; Job, le burgrave centenaire, rappelle les jours de gloire où des convives, grands et forts autrement que ceux d'aujourd'hui, chantaient à voix retentissante,

Autour d'un bœuf entier posé sur un plat d'or.

De ces promenoirs mystérieux, qui vont se perdant dans le mur circulaire, on s'attend à voir surgir de terribles apparitions. Pourquoi ne serait-ce pas le destin qui, sous les traits et les haillons du mendiant, se dresse tout à coup au haut « du degré de six marches » ?

GORLOIS, *à Hatto.*

Ah ! père, viens donc voir ce vieux à barbe blanche !

LE COMTE LUPUS, *courant à la fenêtre.*

Comme il monte à pas lents le sentier ! son front penche.

GIANNILARO, *s'approchant.*

Est-il las !

LE COMTE LUPUS.

Le vent souffle aux trous de son manteau.

GORLOIS.

On dirait qu'il demande abri dans le château.

LE MARGRAVE GILISSA.

C'est quelque mendiant !

LE BURGRAVE CADWALA.

Quelque espion !

LE BURGRAVE DARIUS.

Arrière !

HATTO, *à la fenêtre.*

Qu'on me chasse à l'instant ce drôle à coups de pierre !

LUPUS, GORLOIS *et les pages jetant des pierres.*

Va-t'en, chien !

MAGNUS, *comme se réveillant en sursaut.*

En quel temps sommes-nous, Dieu puissant !
Et qu'est-ce donc que ceux qui vivent à présent ?
On chasse à coups de pierre un vieillard qui supplie !

*Les regardant tous en face.*

De mon temps, — nous avions aussi notre folie,
Nos festins, nos chansons... — On était jeune, enfin ! —
Mais qu'un vieillard, vaincu par l'âge et par la faim,
Au milieu d'un banquet, au milieu d'une orgie,
Vînt à passer, tremblant, la main de froid rougie,
Soudain on remplissait, cessant tout propos vain,
Un casque de monnaie, un verre de bon vin.
C'était pour ce passant, que Dieu peut-être envoie !
Après, nous reprenions nos chants, car, plein de joie,
Un peu de vin au cœur, un peu d'or dans la main,
Le vieillard souriant poursuivait son chemin.
— Sur ce que nous faisions jugez ce que vous faites !

JOB, *se redressant, faisant un pas, et touchant l'épaule de Magnus.*

Jeune homme, taisez-vous. — De mon temps, dans nos
[fêtes,
Quand nous buvions, chantant plus haut que vous encor,
Autour d'un bœuf entier posé sur un plat d'or

S'il arrivait qu'un vieux passât devant la porte,
Pauvre, en haillons, pieds nus, suppliant, une escorte
L'allait chercher ; sitôt qu'il entrait, les clairons
Eclataient ; on voyait se lever les barons ;
Les jeunes, sans parler, sans chanter, sans sourire,
S'inclinaient, fussent-ils princes du saint-empire ;
Et les vieillards tendaient la main à l'inconnu
En lui disant : Seigneur, soyez le bienvenu !

*A Gorlois.*

— Va quérir l'étranger. . . . . . . . . . . . .

*GORLOIS, rentrant, à Job.*

Il monte, monseigneur,

*JOB, à ceux des princes qui sont restés assis*

Debout !

*A ses fils.*

— Autour de moi.

*A Gorlois.*

Ici !

*Aux hérauts et aux trompettes.*

Sonnez, clairons, ainsi que pour un roi !

Et dans le caveau sombre, humide, hideux, que continue la noire galerie avec ses piliers vaguement entrevus, où la lumière s'infiltre à peine par un grillage éventré, témoin de quelque antique et formidable violence, quelle tragédie peut paraître trop atroce, quel merveilleux dénouement ne semblera pas naturel ?

Quel style aussi sera trop poétique, pour

exprimer cette conception grandiose? Quelles paroles seront trop hautes, trop nobles, trop épiques, tombant de ces lèvres princières, et traduisant non pas les sentiments d'un être humain, mais les aspirations de tout un peuple, mais les terreurs d'un très long âge, mais les réminiscences glorieuses d'un passé « descendu derrière l'horizon? »

On comprend qu'après avoir entrevu cet idéal dramatique, et après avoir reconnu, par l'échec de sa trilogie, combien il dépassait les besoins du public et les ressources de la scène, Hugo ait renoncé aux avantages de la représentation qu'il fallait acheter par tant de sacrifices. Il y a gagné de pouvoir écrire tout un *Théâtre en liberté*. Et par cette dénomination je n'entends pas seulement le livre posthume qui a paru avec ce titre, mais le livre dramatique des *Quatre vents de l'esprit* et cette tragédie vraiment unique, d'une puissance dantesque, *Torquemada*.

Ceux qui mesurent au patron des pièces classiques, ou des comédies réalistes modernes, ces idylles dialoguées qui s'appellent *la Grand'-Mère*, *la Forêt mouillée*, ou *les Deux trouvailles de Gallus*, commettent une injustice qui n'est peut-être qu'une erreur. Pour moi, en relisant cette comédie un peu délirante, *Margarita*, et cette tragédie condensée, *Esca, la marquise*

*Zabeth*, dont chaque vers est un dard aigu, une épigramme amère et lumineuse, je me surprends à préférer dans le ciel poétique de Hugo ces étoiles reconnues les dernières et dont l'éclat est d'une si étrange pureté.

Quant à Torquemada, Hugo le regardait non sans raison comme « sa conception la plus grande. » C'est la lecture des Epîtres de saint Paul qui avait déposé dans l'esprit du poète le germe de cette œuvre imaginée dès les premières heures de l'exil et produite au grand jour, trente ans plus tard, en 1882.

De ce drame étrange et puissant une scène d'épopée se détache, pour ainsi dire, d'elle-même : c'est celle où les députés des Juifs, suivis d'une foule déguenillée, et conduite par Moïse-ben-Habib, leur grand rabbin, viennent implorer la clémence simoniaque du roi Ferdinand et de la reine Isabelle, les très chrétiens.

MOÏSE-BEN-HABIB, *grand rabbin, à genoux.*

Altesse de Castille, Altesse d'Aragon,
Roi, reine ! ô notre maître, et vous, notre maîtresse,
Nous, vos tremblants sujets, nous sommes en détresse
Et, pieds nus, corde au cou, nous prions Dieu d'abord,
Et vous ensuite, étant dans l'ombre de la mort,
Ayant plusieurs de nous qu'on va livrer aux flammes,
Et tout le reste étant chassé, vieillards et femmes,
Et, sous l'œil qui voit tout du fond du firmament,
Rois, nous vous apportons notre gémissement,

Altesses, vos décrets sur nous se précipitent ;
Nous pleurons, et les os de nos pères palpitent ;
Le sépulcre pensif tremble à cause de vous.
Ayez pitié. Nos cœurs sont fidèles et doux ;
Nous vivons enfermés dans nos maisons étroites,
Humbles, seuls ; nos lois sont très simples et très droites,
Tellement qu'un enfant les mettrait en écrit.
Jamais le juif ne chante et jamais il ne rit.
Nous payons le tribut, n'importe quelles sommes.
On nous remue à terre avec le pied ; nous sommes
Comme le vêtement d'un homme assassiné.
Gloire à Dieu ! Mais faut-il qu'avec le nouveau-né,
Avec l'enfant qui tette, avec l'enfant qu'on sèvre,
Nu, poussant devant lui son chien, son bœuf, sa chèvre,
Israël fuie et coure épars dans tous les sens ?

. . . . . . . . . . . . .

*Montrant l'or sur la table.*

Voici notre rançon, hélas ! daignez la prendre.
O rois, protégez-nous. Voyez nos désespoirs.
Soyez sur nous, mais non comme des anges noirs ;
Soyez des anges bons et doux, car l'aile sombre
Et l'aile blanche, ô rois, ne font pas la même ombre.
Révoquez votre arrêt. Rois, nous vous supplions
Par vos aïeux sacrés, grands comme les lions,
Par les tombeaux des rois, par les tombeaux des reines,
Profonds et pénétrés de lumières sereines,
Et nous mettons nos cœurs, ô maîtres des humains,
Nos prières, nos deuils, dans les petites mains
De votre infante Jeanne, innocente et pareille
A la fraise des bois où se pose l'abeille.

## LA SATIRE

#### LES CHATIMENTS.

Le poète qui a le plus noblement parlé de Hugo, Sir Algernon Swinburne, a donné des *Châtiments* cette large définition : « Entre le prologue *Nox* et l'épilogue *Lux* des *Châtiments*, les quatre-vingt-dix-huit poèmes qui roulent, qui brisent, qui éclairent, qui tonnent comme les vagues d'une mer visible, exécutent leur chœur d'harmonies montantes et descendantes avec presque autant de profondeur, de variété, de force musicale, avec autant de puissance, de vie, autant d'unité passionnée, que les eaux des rivages sur lesquel ils furent écrits. »

Un seul sentiment, l'indignation, anime et soulève toute cette œuvre ; mais que de formes il revêt, et que d'accents divers il fait jaillir ! C'est d'abord le contraste cruel des deux Napoléon, qui se poursuit, tantôt avec une ironie cuisante, dans la chanson « Petit, petit, » tantôt avec une fougue passionnée dans les iambes de la *Reculade*.

Cette antithèse s'éclaire de toutes les couleurs de la poésie orientale dans l'entrevue avec Abd-el-Kader ; elle s'étale surtout avec une puissance d'imagination tout à fait saisissante dans la pièce si connue de l'*Expiation*, qui est à elle seule une grande épopée.

Ce n'est pas l'usurpateur seulement et ses forfaits que poursuit l'imprécation vengeresse du satirique ; elle s'attache à ses complices de tout ordre, juristes corrompus, journalistes gagés, pamphlétaires de robe courte.

Elle nous crie toutes les misères actuelles. Voici la rumeur qui monte à travers le soupirail des caves de Lille. Ailleurs c'est le bruit des violons de l'Hôtel-de-Ville, et le gala du Luxembourg ; l'écho répond par des râles d'agonisants, des lamentations de veuves et de mères.

Le souvenir des morts de décembre et des autres victimes du coup d'Etat, des déportés de Cayenne ou de Lambessa, des martyrs des pontons et des silos, a donné naissance à des récits puissamment douloureux. Le *Souvenir de la nuit du 4* et *Pauline Roland*, pour n'en nommer que deux, expriment tout ce qu'il y a d'horreur dans le meurtre stupide d'un enfant, tout ce qu'il y a de grandeur dans l'agonie héroïque d'une femme. Mais cette inspiration pathétique ou funèbre se traduit le plus souvent sous la forme lyrique, la seule qui puisse épuiser la plainte, ou adoucir l'aigreur du deuil par des rythmes assoupissants.

C'est là le dessein de l'Ode aux morts du 4 décembre, de la Parabole sur les Oiseaux, de l'Hymne aux transportés, de la Chanson des exilés, du Chant de ceux qui s'en vont sur mer.

Comment la nature, et surtout la mer, ne tiendrait-elle pas ici la place qu'elle occupait déjà dans les écrits de la jeunesse de Hugo ? Dans la pièce de *Nox*, le poète la maudissait comme une complice. Il ne lui reprochera plus sa noirceur qu'une seule fois, le jour où le naufrage d'un chasse-marée, perdu presque sous ses yeux, ramènera violemment son esprit vers cette autre fatalité, l'engloutissement de la France. Mais, le plus souvent, c'est à la nature, c'est à la mer qu'il demandera l'oubli, la consolation, et comme la bouffée d'air vivifiant, le parfum de brise libre, le rayon de blanche lumière qui lui fera oublier les soupirs de la geôle, les odeurs des victuailles et du sang, le râle des mourants, le visage des morts.

Oh ! laissez ! laissez-moi m'enfuir sur le rivage !
Laissez-moi respirer l'odeur du flot sauvage !
Jersey rit, terre libre, au sein des sombres mers,
Les genêts sont en fleur, l'agneau paît les prés verts ;
L'écume jette aux rocs ses blanches mousselines ;
Par moments apparaît, au sommet des collines,
Livrant ses crins épars au vent âpre et joyeux,
Un cheval effaré qui hennit dans les cieux !

Le rivage, la mer, le ciel n'apaisent pas toujours ses pensées. Tel sentier, où l'herbe se balance, est triste et semble pleurer ceux qui ne repasseront plus. Tel crépuscule est sépulcral ; l'ombre y paraît un « linceul frissonnant ; » la lune sanglante y « roule, ainsi qu'une tête coupée. »

Ailleurs la nature est consciente et vengeresse en quelque sorte :

> O soleil, ô face divine,
> Fleurs sauvages de la ravine,
> Grottes où l'on entend des voix,
> Parfums que sous l'herbe on devine,
> O ronces farouches des bois,
>
> Monts sacrés, hauts comme l'exemple,
> Blancs comme le fronton d'un temple,
> Vieux rocs, chêne des ans vainqueur,
> Dont je sens, quand je vous contemple,
> L'âme éparse entrer dans mon cœur,
>
> O vierge forêt, source pure,
> Lac limpide que l'ombre azure,
> Eau chaste où le ciel resplendit,
> Conscience de la nature,
> Que pensez-vous de ce bandit ?

Toutefois la conception la plus haute, et aussi la dernière à laquelle le poète des *Châtiments* soit parvenu, est celle d'une nature aussi peu ébranlée par une défaite de la liberté que par un deuil amoureux, aussi peu troublée dans son vaste dessein, dans sa marche vers le progrès, par la douleur présente du proscrit, qu'elle l'avait été jadis par la *Tristesse d'Olympio*. Envisagée sous cet aspect, elle rayonne déjà de l'éclat des âges à venir. Le poète, ébloui, éperdu de joie, incline son regard sur les êtres futurs, et son oreille, ou son esprit entend

La palpitation de ces millions d'ailes.

Quant à l'idée de la revanche, de la victoire du droit, du triomphe de la justice, il n'y a pas de symbole qui ne l'ait traduite. Le peuple est le lion du désert au repos ; il dort, mais son réveil sera terrible. Les « lois de mort » se rompront, à la fin ; les portes se rouvriront, et la cité s'emplira de torches enflammées ; les chastes buveuses de rosée, les abeilles s'envoleront du manteau impérial, et se rueront « sur l'infâme ; » les trompettes feront sept fois le tour des murailles de Jéricho, et la musique des Hébreux fera tomber les tours inexpugnables.

Sonnez, sonnez toujours, clairons de la pensée.

Quand Josué rêveur, la tête aux cieux dressée,
Suivi des siens, marchait, et, prophète irrité,
Sonnait de la trompette autour de la cité,
Au premier tour qu'il fit, le roi se mit à rire ;
Au second tour, riant toujours, il lui fit dire :

— Crois-tu donc renverser ma ville avec du vent?
A la troisième fois l'arche allait en avant,
Puis les trompettes, puis toute l'armée en marche,
Et les petits enfants venaient cracher sur l'arche,
Et soufflant dans leur trompe, imitaient le clairon ;
Au quatrième tour, bravant les fils d'Aaron,
Entre les vieux créneaux tout brunis par la rouille,
Les femmes s'asseyaient en filant leur quenouille,
Et se moquaient, jetant des pierre aux Hébreux ;
A la cinquième fois, sur ces murs ténébreux,
Aveugles et boiteux vinrent, et leurs huées
Raillaient le noir clairon sonnant sous les nuées ;
A la sixième fois, sur sa tour de granit
Si haute qu'au sommet l'aigle faisait son nid,
Si dure que l'éclair l'eût en vain foudroyée,
Le roi revint, riant à gorge déployée,
Et cria : — Ces Hébreux sont bons musiciens ! —
Autour du roi joyeux, riaient tous les anciens
Qui le soir sont assis au temple et délibèrent.

A la septième fois, les murailles tombèrent.

Mais parfois l'impatience gagne le poète, et il adresse son appel à la Révolution. Il invoque le *Chasseur noir*, et sonne l'hallali pour une meute humaine forçant un czar ou un empereur. Il rappelle au peuple qu'il ressemble à l'Océan; mais que l'Océan ne fait jamais attendre sa marée. Il lui reproche son sommeil ; il le somme de surgir du tombeau, où il s'est laissé coucher emmaillotté comme Lazare. Il n'y a pas de poésie au monde qui surpasse, pour la puissance du sentiment et pour l'accent tragique des paroles, cet hymne de l'insurrection, ce sonore, implacable et funèbre tocsin :

Partout pleurs, sanglots, cris funèbres.
Pourquoi dors-tu dans les ténèbres?
Je ne veux pas que tu sois mort.
Pourquoi dors-tu dans les ténèbres?
Ce n'est pas l'instant où l'on dort.
La pâle liberté gît sanglante à ta porte.
Tu le sais, toi mort, elle est morte.
Voici le chacal sur ton seuil,
Voici les rats et les belettes,
Pourquoi t'es-tu laissé lier de bandelettes?
Ils te mordent dans ton cercueil!
De tous les peuples on prépare
Le convoi.... —
Lazare! Lazare! Lazare!
Lève-toi!

. . . . . . . . . . . . . . .

Mais il semble qu'on se réveille!
Est-ce toi que j'ai dans l'oreille,
Bourdonnement du sombre essaim?
Dans la ruche frémit l'abeille;
J'entends sourdre un vague tocsin.
Les césars, oubliant qu'il est des gémonies,
S'endorment dans les symphonies,
Du lac Baltique au mont Etna;
Les peuples sont dans la nuit noire;
Dormez, rois; le clairon dit aux tyrans : Victoire !
Et l'orgue leur chante : Hosanna!
Qui répond à cette fanfare?
Le beffroi... —

VICTOR HUGO.

> Lazare ! Lazare ! Lazare !
> Lève-toi !

Si sacré que soit pour le poète le droit à l'insurrection, il n'a pas pour corollaire le droit de représailles. « Non, ne le tuez pas. »

> Non, liberté, non, peuple, il ne faut pas qu'il meure !
> . . . . . . . . . . . . . . . . .
> Le progrès, calme et fort, et toujours innocent,
> Ne sait pas ce que c'est que de verser le sang.

Déjà l'on voit poindre cette doctrine de la pitié que le poète exprimera sans restriction au retour de l'exil, et qui lui suscitera autant et plus d'inimitiés que ses cris de colère.

Faire grâce de la mort au tyran, ce n'est pas l'amnistier. Le poète tient son engagement de le clouer à tous les piloris. Il donne à la muse une geôle à garder.

> Les Calliopes étoilées
> Tiennent des registres d'écrou.

Devant lui marche la Peine, un fouet aux clous d'airain sous le bras ; lui-même est armé d'un fer rouge, et il a vu « fumer la chair. » Homme ou « singe », il a marqué l'épaule de ce maître, et il l'affublera « d'un bonnet vert, » de la « casaque du forçat : » il lui fermera le charnier des rois, il lui interdira l'histoire. Il lui infligera, comme suprême affront, des parodies d'apothéose :

Sur les frises où sont les victoires aptères,
Au milieu des césars traînés par des panthères,
Vêtus de pourpre et ceints du laurier souverain,
Parmi les aigles d'or et les louves d'airain,
Comme un astre apparaît parmi ses satellites,
Voici qu'à la hauteur des empereurs stylites,
Entre Auguste à l'œil calme et Trajan au front pur,
Resplendit, immobile en l'éternel azur,
Sur vous, ô Panthéons, sur vous, ô Propylées,
Robert Macaire avec ses bottes éculées !

Attentat, Usurpation, Basse Gloire, Orgie, Meurtre, Sacre, Nature, Revanche, Châtiment, toutes ces abstractions s'animent et forment comme les personnages symboliques de trois ou quatre drames, de la dimension d'une épigramme antique. Les rôles y sont de la longueur d'un hémistiche. Chaque mot est un exergue de médaille, et semble frappé par le coin sur un métal impérissable.

Et toute cette satire virulente aboutit au rêve le plus candide, à la vision lumineuse du bonheur à venir.

La guerre est éteinte. Des canons et des bombardes d'autrefois il ne reste pas un débris assez grand pour puiser aux fontaines.

« De quoi faire boire un oiseau. »

Désormais toutes les pensées des hommes forment un faisceau, et Dieu, pour lier cette gerbe idéale, prend la corde même du tocsin. Chacun fait effort pour le bonheur de tous, et l'humanité tressaille de joie au bienfait minuscule du plus humble de ses enfants, comme le chêne frémit sous le poids du brin d'herbe que l'oiseau apporte à son nid.

Au doute de l'heure sombre il est temps que la foi des jours d'espérance succède :

Les césars sont plus fiers que les vagues marines,
Mais Dieu dit : — « Je mettrai ma boucle en leurs narines,
 Et dans leur bouche un mors,
Et je les traînerai, qu'on cède ou bien qu'on lutte,
Eux et leurs histrions et leurs joueurs de flûte,
 Dans l'ombre où sont les morts! »

Sur les débris des tyrannies, l'arbre du Progrès s'élèvera ; sa ramure, traversée par la lumière, sera voisine des cieux, et les martyrs, couchés sur la terre, se réveilleront du sommeil de la mort « pour baiser sa racine » au fond de leurs tombeaux.

Ce rayon d'espérance ne luit pas seulement au bout du chemin suivi par le poète; il traverse, à plus d'un moment, la poésie orageuse et sombre de ce livre ; il brille surtout d'une ineffable pureté dans la pièce intitulée *Stella*, la merveille de cet admirable recueil.

Je m'étais endormi la nuit près de la grève.
Un vent frais m'éveilla, je sortis de mon rêve,
J'ouvris les yeux, je vis l'étoile du matin.
Elle resplendissait au fond du ciel lointain
Dans une blancheur molle, infinie et charmante.
Aquilon s'enfuyait emportant la tourmente.
L'astre éclatant changeait la nuée en duvet.
C'était une clarté qui pensait, qui vivait ;
Elle apaisait l'écueil où la vague déferle ;
On croyait voir une âme à travers une perle.
Il faisait nuit encor, l'ombre régnait en vain,
Le ciel s'illuminait d'un sourire divin.
La lueur argentait le haut du mât qui penche ;
Le navire était noir, mais la voile était blanche ;
Des goëlands debout sur un escarpement,
Attentifs, contemplaient l'étoile gravement,
Comme un oiseau céleste et fait d'une étincelle ;
L'océan, qui ressemble au peuple, allait vers elle,
Et, rugissant tout bas, la regardait briller,
Et semblait avoir peur de la faire envoler.
Un ineffable amour emplissait l'étendue.
L'herbe verte à mes pieds frissonnait éperdue,
Les oiseaux se parlaient dans les nids ; une fleur
Qui s'éveillait me dit : C'est l'étoile ma sœur.
Et pendant qu'à longs plis l'ombre levait son voile,
J'entendis une voix qui venait de l'étoile,
Et qui disait : — Je suis l'astre qui vient d'abord.
Je suis celle qu'on croit dans la tombe et qui sort.
J'ai lui sur le Sina, j'ai lui sur le Taygète ;
Je suis le caillou d'or et de feu que Dieu jette,
Comme avec une fronde, au front noir de la nuit.
Je suis ce qui renaît quand un monde est détruit.
O nations ! je suis la poésie ardente.
J'ai brillé sur Moïse et j'ai brillé sur Dante,

Le lion Océan est amoureux de moi.
J'arrive. Levez-vous, vertu, courage, foi !
Penseurs, esprits, montez sur la tour, sentinelles !
Paupières, ouvrez-vous ! allumez-vous, prunelles !
Terre, émeus le sillon ! vie, éveille le bruit !
Debout ! — vous qui dormez, car celui qui me suit,
Car celui qui m'envoie en avant la première,
C'est l'ange Liberté, c'est le géant Lumière !

*Jersey, 31 août 1855.*

LES CONTEMPLATIONS.

Dans le livre des *Châtiments*, le poète regarde le monde extérieur; dans le livre des *Contemplations*, il tient ses yeux et son esprit attachés sur lui-même. Quelques jours, quelques mois, au plus, d'inspiration fougueuse avaient produit les *Châtiments*; les *Contemplations* réfléchissent l'aspect et traduisent les joies ou les douleurs de « vingt-cinq années, » autant dire de toute une existence. Ce sont là, pour employer l'expression même de Hugo, « les Mémoires d'une âme. »

Toute la destinée humaine est dans ce livre. Il s'ouvre par la contemplation de l'enfance.

Cet avant-printemps de la vie est bien vite passé. L'âme s'épanouit, comme la flore au mois de mai. C'est le temps où les oiseaux chantent. Qu'exprime leur chant? Les « strophes invisibles » qui s'exhalent des cœurs amoureux. Et ce que disent les oiseaux, tout le répète à l'envi : la caresse du vent, le rayonnement de l'étoile, la fumée du vieux toit, le parfum des meules de foin, l'odeur des fraises mûres, la fraîcheur du ruisseau normand « troublé de sels marins, » la palpitation d'ailes du martinet sous un portail de cathédrale, l'ombre épaisse des ifs, le frisson de l'étang, et l'ondulation des herbes, qui semble le tressaillement des morts.

Aux enchantements éphémères de la passion succèdent les efforts virils, et le combat, non sans angoisse, du devoir. Quel est le devoir du poète? S'isoler dans l'art, et vivre pour le culte d'un idéal sans utilité, ou au contraire mettre le beau au service du vrai, et chercher le vrai dans le progrès de tous les hommes? Hugo avait déjà écrit ailleurs que le poète « a charge d'âmes. » On peut donc s'attendre à le trouver ici, comme ailleurs, préoccupé d'agir jusque dans le rêve, et soucieux d'être utile, « grossièrement utile, » comme il dit, même sur les hauteurs de la spéculation. N'est-ce pas lui qui condamne en ces termes les partisans de l'art pour l'art : « L'amphore qui refuse d'aller à la fontaine mérite la huée des cruches? » Il est poète, mais il est homme, et sa première manifestation de poète a été une protestation contre la tendance qui faisait de l'œuvre poétique une affaire de caste, qui donnait au lettré français des prétentions de « mandarin ; » il a proclamé la Révolution des mots.

Tous les mots à présent planent dans la clarté.
Les écrivains ont mis la langue en liberté,

Et, grâce à ces bandits, grâce à ces terroristes,
Le vrai, chassant l'essaim des pédagogues tristes,
L'imagination, tapageuse aux cent voix,
Qui casse des carreaux dans l'esprit des bourgeois,
La poésie au front triple, qui vit, soupire
Et chante, raille et croit ; que Plaute et que Shakespeare
Semaient, l'un sur la plebs, et l'autre sur le mob ;
Qui verse aux nations la sagesse de Job
Et la raison d'Horace à travers la démence ;
Qu'enivre de l'azur la frénésie immense,
Et qui, folle sacrée aux regards éclatants,
Monte à l'éternité sur les degrés du temps,
La muse reparaît, nous reprend, nous ramène,
Se remet à pleurer sur la misère humaine,
Frappe et console, va du zénith au nadir,
Et fait sur tous les fronts reluire et resplendir
Son vol, tourbillon, lyre, ouragan d'étincelles,
Et ses millions d'yeux sur ses millions d'ailes.

. . . . . . . . . . . . . . . . . .

Ce n'est pas seulement l'intérêt de son art qui passionne cet esprit viril ; il contemple avec émotion, et décrit d'une plume tragique, avec d'inoubliables traits, les misères de tous les humbles.

Lui-même il a sa large part de misère et de deuil. Sa fille meurt. Le poète, qui s'était longtemps attardé à contempler le ciel, et à rêver, comme le pâtre, à la lumière de l'étoile, se tourne désormais vers la terre, et s'acharne, pour ainsi parler, à pénétrer le secret du tombeau. Il y va chercher ce qu'il a perdu ; il ne l'y trouve pas.

Il refuse de croire que tout l'être humain tienne, comme disait Bossuet, « dans le débris inévitable. » Il veut savoir où le souffle qui animait l'organisme détruit, s'est retiré ; il s'élance, à travers les régions du ciel, à la poursuite de cette âme.

Il en arrive à concevoir ce qu'on nomme la mort comme un éveil à la vraie vie :

Ne dites pas : mourir ; dites : naître. Croyez.
On voit ce que je vois et ce que vous voyez ;
On est l'homme mauvais que je suis, que vous êtes ;
On se rue aux plaisirs, aux tourbillons, aux fêtes ;
On tâche d'oublier le bas, la fin, l'écueil,
La sombre égalité du mal et du cercueil ;
Quoique le plus petit vaille le plus prospère,
Car tous les hommes sont les fils d'un même père,
Ils sont la même larme et sortent du même œil,
On vit, usant ses jours à se remplir d'orgueil ;
On marche, on court, on rêve, on souffre, on penche, on
[tombe,
On monte. Quelle est donc cette aube ? c'est la tombe.
Où suis-je ? dans la mort. Viens ! un vent inconnu
Vous jette au seuil des cieux. On tremble ; on se voit nu
Impur, hideux, noué des mille nœuds funèbres
De ses torts, de ses maux honteux, de ses ténèbres ;
Et soudain on entend quelqu'un dans l'infini
Qui chante, et par quelqu'un on sent qu'on est béni,
Sans voir la main d'où tombe à notre âme méchante
L'amour, et sans savoir quelle est la voix qui chante.
On arrive homme, deuil, glaçon, neige ; on se sent
Fondre et vivre ; et, d'extase et d'azur s'emplissant,

Tout notre être frémit de la défaite étrange
Du monstre qui devient dans la lumière un ange.

 Si forte que soit l'expression de cette espérance, si passionné que soit l'acte de foi en l'immortalité qui remplit toute la dernière partie des *Contemplations*, ce qui nous touche le plus, dans le livre, c'est encore l'expression de la douleur paternelle, et cette admirable lamentation funèbre, tour à tour aiguë ou apaisée, dont rien n'égale par moments la simplicité pénétrante :

Mère, voilà douze ans que notre fille est morte ;
Et, depuis, moi le père et vous la femme forte,
Nous n'avons pas été, Dieu le sait, un seul jour
Sans parfumer son nom de prière et d'amour.
Nous avons pris la sombre et charmante habitude
De voir son ombre vivre en notre solitude,
De la sentir passer et de l'entendre errer,
Et nous sommes restés à genoux à pleurer.
Nous avons persisté dans cette douleur douce ;
Et nous vivons penchés sur ce cher nid de mousse
Emporté dans l'orage avec les deux oiseaux.
Mère, nous n'avons pas plié, quoique roseaux,
*Ni perdu la bonté vis-à-vis l'un de l'autre ;*
*Ni demandé la fin de mon deuil et du vôtre*
*A cette lâcheté qu'on appelle l'oubli.*
Oui, depuis ce jour triste où pour nous ont pâli
Les cieux, les champs, les fleurs, l'étoile, l'aube pure,
Et toutes les splendeurs de la sombre nature,
Avec les trois enfants qui nous restent, trésor
De courage et d'amour que Dieu nous laisse encor,

Nous avons essuyé des fortunes diverses,
Ce qu'on nomme malheur, adversité, traverses,
Sans trembler, sans fléchir, sans haïr les écueils,
Donnant aux deuils du cœur, à l'absence, aux cercueils,
Aux souffrances dont saigne ou l'âme ou la famille,
Aux êtres chers enfuis ou morts, à notre fille,
Aux vieux parents repris par un monde meilleur,
Nos pleurs, — et le sourire à toute autre douleur.

*Marine-Terrace, août* 1855.

## LES CHANSONS DES RUES ET DES BOIS.

Dans une page charmante des *Contemplations*, le poète s'adresse à la Strophe. Il lui rappelle avec mélancolie le temps où elle errait en liberté parmi les fleurs, faisant du miel, et conduisant le groupe lumineux de ses sœurs, les Chansons. Mais, dès que le deuil et l'exil sont venus, le chercheur du « gouffre obscur » l'a saisie au vol ; et maintenant, « captive et reine en même temps, » il la retient dans la sombre prison de son âme.

Un matin de printemps, le geôlier a dû s'attendrir, et la fantaisie lyrique, par la porte qu'il entre-bâillait, s'est évadée, et envolée à tire d'aile. Une fois le bois retrouvé, elle s'est mise à chanter, non plus douloureusement, comme au temps de captivité des *Châtiments* ou des *Contemplations*, mais à tue-tête, à bouche que veux-tu, avec l'emportement de plaisir de l'oiseau délivré, avec le rythme continu et frénétique des cigales.

Le parti pris de rusticité, de familiarité, de bonhomie, de poésie aux allures pédestres est visible dès les premiers vers du Recueil des *Chansons des rues et des bois*.

La préoccupation littéraire jette, il faut l'avouer, une ombre de pédantisme sur ces idylles. Le naturel y abonde pourtant, et la poésie pure, à travers les broussailles d'une fantaisie excessive ou les herbes folles d'une luxuriante érudition, y fait luire ses filets d'eau vive. L'impression la plus exquise sort, par exemple, du contraste entre les rires amoureux de deux jeunes époux et la mélancolie des ruines de l'abbaye, « jadis pleine de fronts blancs, » de « cœurs sombres. » Les aspects du champ, du bois, de l'étang, n'ont jamais été rendus d'un trait plus rapide et plus suggestif.

> Je vois ramper dans le champ noir
> Avec des reflets de cuirasse,
> Les grands socs qu'on traîne le soir.
> . . . . . . . . . .
> La sarcelle des roseaux plats
> Sort, ayant au bec une perle.
> . . . . . . . . . .
> Les étangs de Sologne
> Sont de pâles miroirs.
> . . . . . . . . . .
> J'ai pour joie et pour merveille
> De voir dans ton pré d'Honfleur
> Trembler au poids d'une abeille
> Un brin de lavande en fleur.

L'idylle rieuse s'attendrit aussi par endroits, et même certaines de ses strophes ont la beauté grave et recueillie d'une action de grâces, d'un hommage rendu à ce que la nature a de divin.

> C'est le moment crépusculaire.
> J'admire, assis sous un portail,
> Ce reste de jour dont s'éclaire
> La dernière heure du travail.
>
> Dans les terres, de nuit baignées,
> Je contemple, ému, les haillons
> D'un vieillard qui jette à poignées
> La moisson future aux sillons.
>
> Sa haute silhouette noire
> Domine les profonds labours.
> On sent à quel point il doit croire
> A la fuite utile des jours.
>
> Il marche dans la plaine immense,
> Va, vient, lance la graine au loin,
> Rouvre sa main, et recommence,
> Et je médite, obscur témoin,
>
> Pendant que, déployant ses voiles,
> L'ombre, où se mêle une rumeur,
> Semble élargir jusqu'aux étoiles
> Le geste auguste du semeur.

Toute cette fantaisie de rusticité n'est qu'un intermède entre deux voyages de puissant vol, à travers l'inconnu, sur la croupe « du cheval de gloire. » Le poète l'avait, malgré lui, mis au vert, et parqué. Il lui ôte son licol ; il se suspend une fois de plus à cette crinière « dont tous ses songes font partie ; » les quatre fers de Pégase frappent soudain l'espace infini, « galopent sur l'ombre insondable » et font étinceler, à chaque bond, dans le ciel noir, « une éclaboussure d'étoiles. »

## L'ANNÉE TERRIBLE.

La prédiction des *Châtiments* devait s'accomplir : l'épilogue du livre satirique contre Napoléon III devait s'écrire après dix-huit ans, dans les premières pages de l'*Année terrible*. Le poète qui, dans sa jeunesse, avait chanté la Colonne et l'Arc de triomphe, eut, à soixante-huit ans, la douloureuse stupeur de compter toutes nos défaites et, pendant de longs mois, d'enregistrer tous les jours quelque deuil.

Le livre s'ouvre, pour ainsi dire, par le désastre de Sedan. Les victoires de la vieille France, avec leurs noms éclatants, radieux, les chefs de guerre illustres, les hommes du dernier carré de Waterloo se lèvent, s'avancent et, par la main du dernier empereur, ces fantômes de héros, ces nobles abstractions rendent ensemble leur épée.

Il faut remercier Hugo d'avoir, autant qu'il le pouvait, dépouillé l'homme de parti pour raconter ces temps de péril national, et de s'être montré surtout citoyen de la France. C'est le patriotisme dans ce qu'il a de plus touchant, de filial, qui lui a dicté certaines pièces, ou plutôt qui lui a arraché certains cris, comme : « O ma mère ! » à la suite du triomphant portrait de l'Allemagne ; comme l'hommage à la France :

Tu ne peux pas mourir, c'est le regret qu'on a.
Tu penches dans la nuit ton front qui rayonna ;
L'aigle de l'ombre est là qui te mange le foie ;
C'est à qui reniera la vaincue ; et la joie
Des rois pillards, pareils aux bandits des Adrets,
Charme l'Europe et plaît au monde. — Ah ! je voudrais,
Je voudrais n'être pas Français pour pouvoir dire
Que je te choisis, France, et que, dans ton martyre,
Je te proclame, toi que ronge le vautour,
Ma patrie et ma gloire et mon unique amour !

Ce livre de l'*Année terrible*, encore qu'il ait été écrit heure par heure, comme un journal de bord, a l'air d'un long poème unique en deux parties. La première moitié de l'ouvrage est remplie par la lutte avec l'ennemi étranger ; la seconde moitié, par la guerre civile.

Dans le récit de la guerre avec l'étranger, Hugo se retrouve tel qu'il s'était révélé en 1827 dans l'Ode à la Colonne, c'est-à-dire fils de soldat. Il a eu, tout enfant, « pour hochet, le gland d'or d'une épée ; » il regarde sans peur « l'épée effrayante du ciel ; » il écoute, avec un battement de cœur qui n'a rien de pusillanime, la voix des forts gardant l'enceinte de Paris, et quand on rapporte sur les civières les jeunes gens que le combat a moissonnés, il est ému d'une héroïque admiration :

Ils gisent dans le champ terrible et solitaire.
Leur sang fait une mare affreuse sur la terre ;
Les vautours monstrueux fouillent leur ventre ouvert ;
Leurs corps farouches, froids, épars sur le pré vert,
Effroyables, tordus, noirs, ont toutes les formes
Que le tonnerre donne aux foudroyés énormes ;
Leur crâne est à la pierre aveugle ressemblant ;
La neige les modèle avec son linceul blanc ;
On dirait que leur main lugubre, âpre et crispée,
Tâche encor de chasser quelqu'un à coups d'épée ;
Ils n'ont pas de parole, ils n'ont pas de regard ;
Sur l'immobilité de leur sommeil hagard
Les nuits passent ; ils ont plus de chocs et de plaies
Que les suppliciés promenés sur des claies ;
Sous eux rampent le ver, la larve et la fourmi ;
Ils s'enfoncent déjà dans la terre à demi,
Comme dans l'eau profonde un navire qui sombre ;
Leurs pâles os, couverts de pourriture et d'ombre,
Sont comme ceux auxquels Ezéchiel parlait ;
On voit partout sur eux l'affreux coup du boulet,
La balafre du sabre et le trou de la lance ;
Le vaste vent glacé souffle sur ce silence ;
Ils sont nus et sanglants sous le ciel pluvieux.

O morts pour mon pays, je suis votre envieux.

A ses yeux, la haine du Saxon se justifie par des raisons plus élevées que l'antagonisme de race, que le conflit des intérêts, que le devoir de lutter *pro aris et focis*: c'est la féodalité avec tous ses abus, c'est le passé avec toutes ses noirceurs, qui vient, sous la forme des sept chefs allemands,

Hideux, casqués, dorés, tatoués de blasons,

assiéger la cité libre et progressive, châtier l'esprit moderne, et, s'il se peut, étouffer l'avenir.

 Le caractère de la conquête, avec ses violences, ses rapts, ses impositions systématiques, ses formidables exactions, ses conditions de paix inexorables, ne peut qu'exaspérer cet amour du pays natal et cet orgueil du nom français héréditaires chez Hugo. Celui qui cherchait sur l'Arc de l'Etoile le nom oublié de son père, devait songer à élever, en quelque sorte, un monument à la honte du vainqueur, et à graver sur cet airain les *Prouesses Borusses*. Elle restera « anonyme » la gloire de ces princes. Aucun d'eux n'arrivera à se dresser sur les ruines qu'ils ont accumulées. Pas un laurier ne sentira « la sève » lui venir des flots de sang qu'ils ont versés ; et quant au groupe altier des Renommées, il referme ses ailes, il détourne les yeux,

..... refuse de rien voir,
Et l'on distingue au fond de ce firmament noir
Le morne abaissement de leurs trompettes sombres.

La victoire définitive ne saurait être aux

nations qui luttent « pour le mal, » qui veulent faire prévaloir « les ténèbres. » C'est le vaincu qui les conquerra, qui les enveloppera de sa volonté, qui les poussera au progrès, qui les soumettra à la raison du droit, qui les courbera sous le joug de l'idée. La France sera l'étincelle, et la forêt germanique s'embrasera à son contact, et l'incendie éclairera une « Europe idéale. »

Dans le livre de Victor Hugo, l'hiver neigeux, sombre, sanglant, est par moments traversé d'un sourire, et comme illuminé par les yeux bleus d'un tout petit enfant. De temps à autre le poëte oublie presque les scènes désolées ou formidables du dehors, et, à la lueur de sa lampe de travail, il regarde le visage un peu pâli de Jeanne. Elle grandit pendant ces mois du siège. Elle n'est déjà plus en mars la même minuscule personne qu'en novembre ou qu'en janvier. L'aïeul attendri a noté ces métamorphoses, et il écrit ces vers, prélude exquis de *l'Art d'être grand-père* :

A chaque pas qu'il fait, l'enfant derrière lui
Laisse plusieurs petits fantômes de lui-même.

L'hiver n'avait pas épuisé les tristesses de cette année. Dès le mois de mars, Hugo est attaqué avec violence. Il se console de cette impopularité inattendue à l'idée qu'il la partage avec le héros de l'indépendance italienne

« Sortons, » dit le solitaire de Guernesey à celui de Caprera.

Et regagnons chacun notre haute falaise,
Où, si l'on est hué, du moins c'est par la mer ;
Allons chercher l'insulte auguste de l'éclair,
La fureur jamais basse et la grande amertume,
Le vrai gouffre, et quittons la bave pour l'écume

Avril amène la guerre civile. Le poète de la clémence pousse le cri qu'on lui a tant reproché, et qui ne sera pas son moindre honneur : Pas de représailles. Aujourd'hui ces paroles de miséricorde, d'apaisement, de fraternelle passion, resplendissent dans leur idéale beauté.

Si l'on savait la langue obscure des enfers,
De cette profondeur pleine du bruit des fers,
De ce chaos hurlant d'affreuses destinées,
De tous ces pauvres cœurs, de ces bouches damnées,
De ces pleurs, de ces maux sans fin, de ces courroux,
On entendrait sortir ce chant sombre : « Aimons-nous ! »

Quel plaidoyer pour l'ignorance dans ces cinq mots : « je ne sais pas lire, » prononcés par l'homme surpris, une torche à la main, devant la Bibliothèque qui flambe ! Quel réquisitoire contre la misère, et non contre les misérables, dans les pièces tragiques qui suivent, et quelle farouche expression que celle de tous ces visages : la prisonnière blessée, la femme dont le nourrisson est mort, l'enfant qui est revenu pour être fusillé ! Quelle lumière jetée sur ces tragédies de la borne et du mur par des vers tout abstraits, mais plus puissants qu'aucune image :

Cette facilité sinistre de mourir.

L'attitude de Hugo fut alors ce qu'elle a été presque toute sa vie, une attitude de résistance au flot. Il proclama sans peur ce qui lui semblait l'équité. Il écrivait une fois de plus que la peine de mort ne réparait aucun dommage :

Et je ne pense pas qu'on se tire d'affaire
Par l'élargissement tragique du tombeau.

Mais, tout en prévoyant ce que pouvaient semer de haine pour les temps à venir les vengeances de l'heure présente, il se rattacha, dès qu'il le put, à sa foi au progrès, il reprit son rêve d'univers pacifié et heureux. Et avec quel accent passionné s'exprime cette idée de retour du droit et de la justice ! Il s'est approché, dit-il, du lion de bronze de Waterloo. Que sort-il de cette mâchoire ouverte ? Un chant d'oiseau. Le rouge-gorge a pris cet antre pour y faire son nid.

...... Je compris que j'entendais chanter
L'espoir dans ce qui fut le désespoir naguère,
Et la paix dans la gueule horrible de la guerre.

Quant aux nains, qui s'acharnent à garrotter une fois de plus ce géant, le peuple, l'Histoire, « la grande muse noire, » les attend. Tous leurs efforts n'empêcheront pas la France de surgir, et de jeter une fois de plus aux peuples le mot d'ordre de l'humanité :

Nous n'avons pas encor fini d'être Français ;
Le monde attend la suite et veut d'autres essais ;
Nous entendrons encor des ruptures de chaines,
Et nous verrons encor frissonner les grands chênes.

Certes, si les Romains de Rome rendirent tant d'honneur à un consul vaincu pour n'avoir pas, après un grand désastre, désespéré de la fortune de l'Etat, que ne doit-on pas de gratitude, en France, au poëte qui, voyant la patrie saignante, la consolait avec une orgueilleuse tendresse :

.... Du coup de lance à ton côté,
Les rois tremblants verront jaillir la liberté ;

qui, devant les ruines fumantes de Paris, tirait du souvenir de l'incendie atroce, impitoyable, un symbole réconfortant :

Est-ce un écroulement ? Non. C'est une genèse.
. . . . . . . . . . . . . . . . . . . .
Est-ce que tu t'éteins sous l'haleine de Dieu ?
. . . . . . . . . . . . . . . . . . . .
Les peuples devant toi feront cercle à genoux.

VICTOR HUGO EN 1862
*d'après une photographie de Franck.*

# L'ÉPOPÉE

LA LÉGENDE DES SIÈCLES.

Ce n'est pas une succession de mètres, ou une combinaison de rythmes qui constitue un poème; c'est avant tout une pensée neuve ou profonde, un germe intellectuel, pour ainsi dire, doué de vie, doué de passion, et, comme l'âme d'une plante, se répandant en rameaux d'une structure déterminée, s'épanouissant dans une frondaison dont le caractère est immuable, aboutissant à des fleurs, à des fruits dont la naissance et dont le développement sont la suprême expression de cette vie végétative. Plus un poème est digne de ce nom, plus on trouve à l'origine, et comme à la base de l'œuvre, de sève nourricière ou de pensée.

L'œuvre poétique peut, à la façon de certains roseaux hâtifs, germer et croître en un moment. Beaucoup d'écrivains, se croyant inspirés, improvisent. Le temps ne respecte guère les pages qu'on a eu la prétention de produire sans son secours.

Jéhovah, dont les yeux s'ouvrent de tous côtés,
Veut que l'œuvre soit lente, et que l'arbre se fonde
Sur un pied fort, scellé dans l'argile profonde.
Pendant qu'un arbre naît, bien des hommes mourront ;
La pluie est sa servante, et, par le bois du tronc,
La racine aux rameaux frissonnants distribue
L'eau qui se change en sève aussitôt qu'elle est bue.
Dieu le nourrit de sève, et, l'en rassasiant,
Veut que l'arbre soit dur, solide et patient,
Pour qu'il brave, à travers sa rude carapace,
Les coups de fouet du vent tumultueux qui passe,
Pour qu'il porte le temps comme l'âne son bât,
Et qu'on puisse compter, quand la hache l'abat,
Les ans de sa durée aux anneaux de sa sève.
Un cèdre n'est pas fait pour croître comme un rêve ;
Ce que l'heure a construit, l'instant peut le briser.

J'emprunterais volontiers à Victor Hugo cette superbe image pour rendre l'impression que produit son unique et vaste épopée, la triple *Légende des siècles*. Celui qui a écrit ce vers mémorable,

Gravir le dur sentier de l'inspiration,

n'a jamais laissé sa pensée sourdre plus lentement, germer avec plus de mystère, grandir avec plus d'effort, fleurir et fructifier avec plus de puissance.

Ce serait donc trahir le poète que d'étudier seulement dans son ouvrage la couleur des tableaux, le relief des portraits, le pathétique des sujets, le tragique des situations, l'éloquence du verbe imagé, la puissance du rythme. Il faut, avant tout, remonter à la source de ces beautés, et s'attacher au principe générateur, à la pensée originelle.

Avec sa puissance d'images qui n'a d'égale que celle de Platon, Victor Hugo a exprimé mythologiquement, dans *Vision*, quel était le sens élevé et le but moral de son livre. Il voit, « dans un lieu quelconque des ténèbres, » se dresser devant lui le mur des siècles, un « chaos d'êtres » reliant le nadir au zénith. Tandis qu'il contemple ce mur « semé d'âmes, » ce « bloc d'obscurité » éclairé, au faîte, par la lueur d'une aube profonde, deux chars célestes se sont croisés : l'un portait l'esprit de l'Orestie, l'autre celui de l'Apocalypse ; de l'un montait le cri : Fatalité ; de l'autre est tombé le mot : Dieu. Ce passage effrayant a remué les ténèbres ; le mur reparaît, lézardé. Les temps se sont dissociés, et l'œil a devant lui un « archipel » de siècles mutilés. Sur ces débris plane un nuage sidéral, où, « sans voir de foudre, » on sent la présence de Dieu. Un charnier-palais » en ruines, bâti par la fatalité, habité par la mort, mais sur les débris duquel se posent parfois le rayon de la liberté et les ailes de l'espérance, voilà, selon les propres paroles du poète, l'édifice qu'il a reconstitué avec le secours de la légende et de l'histoire.

Dans un si vaste recueil de poèmes, il ne faut pas songer à prendre chaque ouvrage à part et à l'analyser, à isoler chaque personnage d'importance, avec la prétention d'en indiquer les traits. La légende des siècles, c'est, selon l'expression de Paul de Saint-Victor, le monde « vu à vol d'aigle. » On ne peut guère en dénombrer que les grandes régions.

1° Voici d'abord la région des dieux. Ceux de l'Inde ou de la Perse attirent le poète ; il adore, comme les peuples de l'Asie, l'esprit de lumière, et il exprime cette adoration avec toute la splendeur d'imagination, toute la puissance de trait des mythes orientaux.

.... Le dieu rouge, Agni, que l'eau redoute,
Et devant qui médite à genoux le bouddha,
Alla vers la clarté sereine et demanda :
Qu'es-tu, clarté ? — Qu'es-tu toi-même ? lui dit-elle.
— Le dieu du Feu. — Quelle est ta puissance ?
— Elle est telle
Que, si je veux, je peux brûler le ciel noirci,
Les mondes, les soleils, et tout.
— Brûle ceci,
Dit la Clarté, montrant au dieu le brin de paille.
Alors, comme un bélier défonce une muraille,
Agni, frappant du pied, fit jaillir de partout

La flamme formidable, et fauve, ardent, debout,
Crachant des jets de lave entre ses dents de braise
Fit sur l'humble fétu crouler une fournaise ;
Un soufflement de forge emplit le firmament ;
Et le jour s'éclipsa dans un vomissement
D'étincelles, mêlé de tant de nuit et d'ombre
Qu'une moitié du ciel en resta longtemps sombre
Ainsi bout le Vésuve, ainsi flambe l'Hékla.
Lorsqu'enfin la vapeur énorme s'envola,
Quand le dieu rouge Agni, dont l'incendie est l'âme,
Eut éteint ce tumulte effroyable de flamme,
Où grondait on ne sait quel montrueux soufflet,
Il vit le brin de paille à ses pieds, qui semblait
N'avoir pas même été touché par la fumée.

La mythologie païenne a inspiré à Victor Hugo quelques pièces qui sont parmi les plus belles de la *Légende des siècles*. Elles expriment toutes la protestation de la nature contre l'usurpation des Olympiens.

Ici c'est un géant qui les brave, et, sans s'émouvoir du tonnerre de Jupiter, poursuit son chant de flûte sur le penchant de la montagne. Il n'a ni la grâce ni la beauté idéalement humaines de ces nouveaux dieux ; ses membres sont vastes, ses pieds robustes sont rugueux, comme le tronc des saules ; il est de la pâte grossière dont est faite la terre auguste ; mais s'il se dresse, il est trois fois « plus haut que n'est profond l'océan plein de voix. »

Là, c'est la douleur des choses devant ce

triomphe qui se poursuit sur la terre et aux cieux. Les immortels chantent une sorte de péan superbement sinistre :

L'ouragan tourne autour de nos faces sereines ;
Les saisons sont des chars dont nous tenons les rênes.
Nous régnons, nous mettons à la tempête un mors,
Et nous sommes au fond de la pâleur des morts.

Ils n'ont plus leur antique sujet de terreur : les premiers-nés du gouffre, ces Titans, plus grands qu'eux, sont écrasés sous un amas de roches : l'horreur règne dans les forêts de la terre vaincue; les Bacchantes déchirent Orphée :

Une peau de satyre écorché pend dans l'ombre;

trois fleuves, le Styx, l'Alphée et le Stymphale,
Se sont enfuis sous terre, et n'ont plus reparu ;

les fils puinés des Géants, les Cyclopes, sont lâches, et ils servent les Olympiens. La terre a perdu ses fleurs ; les lacs réfléchissent tristement les monts maudits qui ont trahi leurs premiers maîtres.

.... Sur un faîte où blanchissent
Des os d'enfants percés par les flèches du ciel,
Cime aride et pareille aux lieux semés de sel,
La pierre qui jadis fut Niobé médite.

Le torrent et la nuée gémissent :

Les vagues voix du soir murmurent : Oublions.
L'absence des géants attriste les lions.

Mais ce triomphe est éphémère. Le Titan ne se borne pas, comme dans Eschyle, à prédire aux dieux de l'Olympe leur chute ; il brise ses fers, il sort de sa prison, il surgit soudain devant eux, il se repait de leur silencieuse et tragique épouvante. Quelle conception que cette évasion de Phthos à travers l'épaisseur du globe de la terre ! Quelle émotion s'attache à ce drame si fabuleux ! Quel merveilleux, puissant autant qu'inédit, jaillit de l'idée morale ! Phthos lié, enfermé dans les cavernes de l'Olympe, songe au fier passé des Terrigènes, autrefois si forts, gisants aujourd'hui

Plus morts que le sarment qu'un pâtre casse en deux.

Il entend les rires des dieux vainqueurs. Il trouve ces rires trop justifiés par la défaite, et par la lâcheté des éléments. L'eau, la flamme, l'air subtil ne se sont pas défendus ; ils se sont laissé « museler » ainsi que des dogues. Mais lui, restera-t-il, aussi, captif ? O triomphe ! D'un terrible effort, il a brisé ses entraves. Il est libre ! Non ! la montagne est sur lui. Il fuira. Il se fraiera une route à travers les roches ; il creuse déjà dans l'abîme du globe.

Rien de plus colossal que cet effort, et pourtant rien de plus humain. On suit avec angoisse la marche souterraine du géant. On a peur que les rires des dieux ne le troublent, que les déceptions du mystère et l'obstacle sans fin des ténèbres ne le déconcertent. Il s'arrête, il doute un instant; il ne se lasse pas. Il est descendu si loin qu'il a maintenant sur la tête, non plus l'Olympe, mais la terre, et qu'il n'entend plus même le rire exaspérant des dieux. Le désespoir l'a gagné, mais non l'abattement. Il se rue encore à la roche, écarte un dernier bloc, et recule comme foudroyé. Il a retrouvé la lumière.

Il avait pris sa prison pour l'abîme. Voici l'abîme absolu, l'infini, le gouffre insondable, l'énigme dont le mot est l'Eternel.

Et tout à coup les Immortels voient se dresser devant eux le géant. Aux rires de la victoire succède un silence inouï, et le Titan au corps tout couturé par les éclairs terrasse cet Olympe en lui criant : « O dieux, il est un Dieu ! »

L'Olympe reparaitra, dans la *Légende des siècles*, pour figurer l'époque de la Renaissance, et exprimer l'un des aspects de ce seizième siècle, Janus au double visage, attaché au passé et avide de l'avenir. Le paganisme de la pièce du *Satyre* est tout animé de sentiments modernes. Dans le chant qu'il entonne pour divertir les olympiens, le sylvain, empêtré de fange, qu'Hercule a saisi par l'oreille, et amené aux pieds de Jupiter, s'enivre d'une sorte de panthéisme plus poétique encore que philosophique, et, après avoir tracé à larges traits la genèse des êtres, l'apparition de la forêt, la profusion d'ébauches animées, enfin la création de l'homme, il célèbre ce dernier-venu. Il décrit l'âge d'or, la déchéance des mortels, l'asservissement des races, la suprématie des tyrans, le fléau de la guerre. La matière elle-même se fait complice de cette oppression; le gouffre s'acharne contre l'âme. Et toutefois le progrès se poursuit, et les images du progrès à venir, même le plus lointain, se pressent sur les lèvres du satyre transfiguré. Et c'est une pensée toute démocratique, c'est la vision d'un monde pacifié, et conquis par l'amour, qui termine cet hymne souverain, en l'honneur du Grand Tout :

Place au rayonnement de l'âme universelle !
. . . . . . . . . . . .
Amour! Tout s'entendra, tout étant l'harmonie !
. . . . . . . . . . . .
— Place à tout ! Je suis Pan ! Jupiter, à genoux !

Chaque mythologie représente, dans la *Légende des siècles*, un aspect de la propre doctrine de Hugo. Ainsi Mahomet, le sombre et ascétique prophète de l'Islam proclame une dernière fois, avant de mourir, les principes de son Koran. « Il n'est pas d'autre dieu que Dieu. — La mort ne délivre pas le pécheur, elle n'anéantit pas le juste :

. . . . . . . . . . . . .
La face des élus sera charmante et fière. »

Affirmation d'un Dieu unique, croyance à l'âme immortelle, besoin d'une sanction supérieure de la loi morale, ce sont là des traits persistants dans le spiritualisme de Hugo.

Le mythe chrétien attire, à certaines heures d'exaltation, l'imagination démesurée de l'auteur de *Torquemada*. La maxime de l'Ecclésiaste : « Tout est vanité, » trouve, après Tertullien et ses images barbares, après Bossuet et ses mépris hautains, un commentaire bien puissant dans la satire énorme des *Sept Merveilles du monde*, dans le lyrisme déréglé de l'*Epopée du ver*. A son tour, le poëte s'est abîmé dans la contemplation de l'idée de néant, et cette idée qui semble défier l'analyse, il a trouvé le moyen d'y introduire des degrés, de les descendre un à un, comme l'échelle plongeant dans la nuit des sépultures égyptiennes. La parole biblique : « vous voilà blessé comme nous, vous voilà devenu semblable à nous, » il l'adresse non seulement aux conquérants et aux despotes, « au porte-glaive et au porte-sceptre mangeurs de peuples, » mais à toutes les grandeurs, à toutes les gloires, même à celle de l'astre errant :

. . . . . . . . . .
Le Zodiaque errant, que Rhamsès a beau mettre
  Sur son sanglant écu,
Craint le ver du sépulcre, et l'aube est ma sujette,
L'escarboucle est ma proie, et le soleil me jette
  Des regards de vaincu.

Ainsi parle le ver de terre, ce minuscule et suprême bourreau, qui travaille aux desseins de Dieu, et qui rétablit l'égalité des conditions dans la commune pourriture :

Il faut bien que le ver soit là pour l'équilibre.

Mais qu'il ne prétende pas outrepasser ses droits, et attenter sur la vie de l'esprit comme sur celle du cadavre. Le poète lui interdit tout blasphème injurieux pour l'âme :

Ton lâche effort finit où le réel commence,
Et le juste, le vrai, la vertu, la raison,
L'esprit pur, le cœur droit, bravent ta trahison,
Tu n'es que le mangeur de l'abjecte matière.
La vie incorruptible est hors de ta frontière ;
Les âmes vont s'aimer au-dessus de la mort.
Tu n'y peux rien.

2° Après les dieux viennent les rois. Le poète a tracé pour eux comme un cercle dantesque, où les plus monstrueux sont réunis. C'est le fils de Thémos, dont l'inscription sépulcrale raconte en style lapidaire les sinistres exploits :

J'ai chargé de butins quatre cents éléphants,
J'ai cloué sur des croix tous les petits enfants.
Ma droite a balayé toutes ces races viles.

C'est Clytemnestre, qui veut tuer la farouche captive Cassandre du même glaive que le roi Agamemnon, et qui d'une voix à la fois hautaine et insidieuse, crie à l'étrangère de descendre du char :

Crois-tu que j'ai le temps de t'attendre à la porte ?
Hâte-toi. Car bientôt il faut que le roi sorte.
Peut-être entends-tu mal notre langue d'ici ?
Si ce que je te dis ne se dit pas ainsi
Au pays dont tu viens et dont tu te sépares,
Parle en signes alors, fais comme les barbares.

C'est le Grand Roi, précédé d'un « nuage de deux millions d'hommes. » Derrière les Immortels, le sérail, les eunuques, les bourreaux, le haras sacré, les cavaliers d'élite vêtus d'or sous des peaux de zèbre ou de loup, les prêtres de la reine, il s'avance sur le char même de Jupiter tiré par huit chevaux blancs que mène un serviteur à pied. Il fait battre la mer qui a fracassé, englouti son chemin de vaisseaux. Les trois cents coups de fouet que le Dieu a reçus feront surgir les trois cents Spartiates.

Et de ces trois cents coups il fit trois cents soldats,
Gardiens des monts, gardiens des lois, gardiens des
[villes,
Et Xercès les trouva debout aux Thermopyles.

Attila passe dans ce coin sombre d'épopée avec les traits fatidiques et le verbe implacable de l'homme qui s'appelle le fléau de Dieu.

3° En regard de ce premier groupe de rois barbares se détachent les visages purs de Léonidas, de Thémistocle, des Bannis. L'antithèse du tyran et du héros se poursuit et s'accuse avec une netteté très expressive dans le *Romancero du Cid*, dans le *Cid exilé*. Le roi Ramire, le roi Sanche, le roi Alphonse servent de sombres repoussoirs à la figure lumineuse du Cid Campeador Rodrigue de Bivar.

Quelle héroïque apparition que celle de ce justicier ! Le tonnerre a reconnu l'épée céleste dans sa main, et il s'éloigne. Le Cid est déjà un vieillard. Il vit dans son donjon, au pied duquel coule une source aussi pure que lui. Banni volontaire avant d'être proscrit redouté, il a laissé pousser l'herbe dans sa cour, « la fierté dans son âme. » L'eau du rocher, la mûre du buisson apaisent sa soif et sa faim. Il songe dans la solitude, en « mordant sa barbe blanche, » en regardant dans sa bannière « les déchirures du vent. » Mais tout frémit, jusqu'au roi qu'il défend, quand son cheval secoue ses crins, et tout tremblé, aussitôt qu'on entend le timbre de ses cymbales.

La félonie, la fourberie d'un maître qui force les chênes attristés à « plier sous le poids des héros, » qui montre, avec des rires, auprès des portes,

> Sous des tas de femmes mortes
> Des tas d'enfants éventrés,

ne parviennent pas à détruire dans le cœur du sujet courroucé le sentiment de la fidélité et du respect. Dans un jour de fureur, il a pensé prendre la couronne de ce roi déloyal, et ferrer d'or Babieça. Mais le souvenir de Chimène, que Sanche a voulu lui voler, au lieu de crier vengeance, l'apaise, l'attendrit. Il se revoit marchant à l'autel avec elle :

> L'évêque avait sa barrette,
> On marchait sur des tapis.
> Chimène eut sa gorgerette
> Pleine de fleurs et d'épis.

> J'avais un habit de moire
> Sous l'acier de mon corset.
> Je ne garde en ma mémoire
> Que le soleil qu'il faisait.

Il continue donc à protéger ce roi qui tomberait s'il retirait l'appui de son épée. Il se borne à rester héroïque, féal ; pour toute récompense, il a l'admiration, le respect, l'amour des villageois : il est le Cid pour qui les pâtres tressent des « chapeaux de fleurs. » Esclave de l'honneur, il a vécu, il vieillit, il mourra les yeux fixés sur cet astre idéal :

> Moi sur qui le soir murmure,
> Moi qui vais mourir, je veux
>
> Que, le jour où sous son voile,
> Chimène prendra le deuil,
> On allume à cette étoile
> Le cierge de mon cercueil.

Toute la grandeur morale du Cid n'est pas exprimée par ce double trait de la fidélité et de l'honneur. Il est aussi l'incarnation de la piété filiale. Lui, qui, devant le roi, se montre avec toute la fierté de son rang,

> Dans une préséance éblouissante aux yeux,

qui marche « entouré d'un ordre de bataille, »

qui se dresse au-dessus de tout homme et de toute loi,

Absolu, lance au poing, panache au front...

il se retrouve à Bivar en veste de page, bras nus, tête nue, l'étrille en main, devant l'auge et le caveçon, brossant, lavant, épongeant un cheval. Occupation héroïque, à vrai dire, et qui ne rabaisse pas plus Rodrigue que la condescendance avec laquelle il prend de l'avoine dans l'auge et fait manger Babieça « dans le creux de sa main. » Le scheik toutefois est surpris de voir le grand Cid, qu'il connut jadis si superbe, redevenu « aussi petit garçon. » Faut-il citer la double réponse du Cid ? « Je n'étais alors que chez le roi. — Je suis maintenant chez mon père. »

Cette manifestation de la tendresse filiale a son pendant dans ce délicieux crayon oriental :

Le roi de Perse habite, inquiet, redouté,
En hiver Ispahan et Tiflis en été ;
Son jardin, paradis où la rose fourmille,
Est plein d'hommes armés, de peur de sa famille ;
Ce qui fait que parfois il va dehors songer
Un matin, dans la plaine il rencontre un berger
Vieux, ayant près de lui son fils, un beau jeune homme
— Comment te nommes-tu ? dit le roi. — Je me nomme
Karam, dit le vieillard, interrompant un chant

Qu'il chantait au milieu des chèvres, en marchant ;
J'habite un toit de jonc sous la roche penchante,
Et j'ai mon fils que j'aime, et c'est pourquoi je chante,
Comme autrefois Hafiz, comme à présent Sadi,
Et comme la cigale à l'heure de midi. —
Et le jeune homme alors, figure humble et touchante,
Baise la main du pâtre harmonieux qui chante,
Comme à présent Sadi, comme autrefois Hafiz.
— Il t'aime, dit le roi, pourtant il est ton fils.

Evidemment, dans l'esprit de Hugo, c'est l'un des châtiments, et ce n'est pas le moins cruel, de cette destinée de l'oppresseur : il voit un ennemi dans son enfant.

L'héroïsme chrétien est personnifié au delà des Pyrénées par un seul preux. Dans une image souveraine, le poète compare ce grand Cid, que « l'Histoire voit, » au pic du Midi. A distance, le voyageur n'aperçoit plus que lui ; tous les monts, qui, de près, lui cachaient sa vue, se sont effacés, « sous la pourpre du soir, » dans un éloignement mystérieux.

Les héros de notre tradition nationale sont plus nombreux, plus souriants, plus pétris de vertus et de beauté humaines. C'est Charles, l'empereur à la barbe fleurie ; c'est Olivier, le blond chevalier, le frère fier et gracieux de la belle Aude au bras blanc ; c'est Aymerillot, l'adolescent au teint rose, sans panache, sans écusson, doux et frêle comme une vierge, mais qui paraît avoir la taille et le bras d'un géant, quand il s'avance gravement, et dénonce sa résolution :

Deux liards couvriraient fort bien toutes mes terres,
Mais tout le grand ciel bleu n'emplirait pas mon cœur.
J'entrerai dans Narbonne et je serai vainqueur.
Après, je châtierai les railleurs, s'il en reste.

C'est surtout Roland, promenant à travers les monts ténébreux, complices des bandits, son épée Durandal, qui est, dans ces jours de meurtre et de deuil, le glaive de justice. Cette Durandal est une conscience. Dans le combat que Roland soutient contre dix rois et cent coupe-jarrets,

Coiffés de monteras et chaussés d'alpargates,

de quel éclat joyeux elle brille aux paroles du chevalier, avec quelle fougue indignée « elle mord » ses traîtres adversaires ; avec quel dévouement elle s'ébrèche et se brise « en ce labeur » qui a jonché la terre de morts et fait le champ

Plus vermeil qu'un nuage où le soleil se couche.

Comme Durandal, et comme la jument du Cid, le blanc palefroi de Roland entend les paroles humaines. Il aurait refusé de s'enfuir, si son maître, avait tourné bride, à l'entrée du ravin d'Ernula. Il dit au petit roi de Galice : « c'est bien ! » quand l'enfant, à genoux, et mains jointes, devant le christ de pierre et la Madone, auprès du pont de Compostelle, prononce ses vœux de justice et d'honneur.

Vous m'êtes apparu dans cet homme, Seigneur ;
J'ai vu le jour, j'ai vu la foi, j'ai vu l'honneur,
Et j'ai compris qu'il faut qu'un prince compatisse
Au malheur, c'est-à-dire, ô père ! à la justice.
O Madame Marie ! O Jésus ! à genoux
Devant le crucifix où vous saignez pour nous,
Je jure de garder ce souvenir, et d'être
Doux au faible, loyal au bon, terrible au traître,
Et juste et secourable à jamais, écolier
De ce qu'a fait pour moi ce vaillant chevalier,
Et j'en prends à témoin vos saintes auréoles.

Le Cid et Roland sont des héros presque sacrés. Le poète a respecté en eux le sceau de l'admiration des peuples ; il les montre, comme il les trouve, un peu déifiés. En voici d'autres plus humains, mais grands encore, et enveloppés d'un prestige mystérieux. Ce sont les paladins errants, qui portent dans « la lueur de leur corset d'acier, » dans l'ombre de leur taille colossale, « la terreur des pays inconnus. » Ils viennent du Cydnus ; ils ont dompté le Maure ; ils sont « rois dans l'Inde, en Europe barons ; »

ils habitent, aux terres étranges, quelque capitale fabuleuse « d'or, de brume et d'azur, » Césarée, Héliopolis. Ils « surgissent » du nord ou du sud; ils portent sur leur targe « l'hydre ou l'alérion; » les « noirs oiseaux du taillis héraldique » ouvrent des ailes de métal sur leur casque baissé :

Et les aigles, les cris des combats, les clairons,
Les batailles, les rois, les dieux, les épopées
Tourbillonnent dans l'ombre au vent de leurs épées.

Leurs noms? Bernard, Lahire, Eviradnus.

Le Cid combat tout seul; il n'a que sa jument Babieça. Roland est seul aussi, avec son arme fée. Eviradnus emmène un compagnon dans ses voyages sans fin; c'est le page de guerre, le fidèle et brave écuyer, Gasclin, qui ne veut pas quitter son maître à l'heure du péril, et sollicite cette grâce « avec des yeux de fils. »

L'aventure tragique, où le poète a introduit ce justicier, est dans le souvenir de tous ceux qui ont seulement ouvert la *Légende des siècles* : ils ne me pardonneraient pas de la défigurer en la contant.

Est-il besoin de leur rappeler ce qu'il y a de fantaisie dans cette arrivée de la marquise Mahaud entrant au manoir de Corbus, avec le bruit léger d'une chanson qui se dessine vaguement sur les frissons de la guitare? Est-il besoin de leur révéler ce qu'il y a de couleur charmante dans cette scène du banquet où la jeune femme sourit, rougit et rêve, entre le rire hardi et brûlant de Zéno et les madrigaux délicieusement ampoulés de Joss, le blond chanteur? Est-il besoin de leur faire admirer de nouveau, s'il leur a paru grand, ou railler une fois de plus, si déjà il leur déplaisait, ce dénouement gigantesque?

Hé ! dit-il, je n'ai pas besoin d'autre massue !
Et prenant aux talons le cadavre du roi,
Il marche à l'empereur qui chancelle d'effroi ;
Il brandit le roi mort comme une arme, il en joue,
Il tient dans ses deux poings les deux pieds, et secoue
Au-dessus de sa tête, en murmurant : Tout beau !
Cette espèce de fronde horrible du tombeau.......

Il ne faut pas se le dissimuler, le grandiose confine au grotesque, et plus d'une fois, dans cette recherche presque constante de l'effet de grandeur, de l'effet de stupeur, Hugo détruit par quelque excès l'impression qu'il voudrait produire. Il donne un tour de clef de trop, et brise le ressort sur lequel il avait compté. Mais le plus souvent, c'est la faute des lecteurs, s'ils n'éprouvent pas une artistique admiration devant ces constructions herculéennes. Ils n'aperçoivent pas ce qu'il y a d'harmonie dans la conception de l'ouvrage et de vigueur d'exécution dans ses moindres détails; ils ne voient pas ce que la magie des images, pareille au stuc dont l'architecte grec enveloppait la roche travertine, répand d'éclat sur cette maçonnerie et sur cette charpente colossales :

> Comme sort de la brume
> Un sévère sapin, vieilli par l'Appenzell,
> A l'heure où le matin, au souffle universel,
> Passe, des bois profonds balayant la lisière,
> Le preux ouvre son casque, et hors de la visière
> Sa longue barbe blanche et tranquille apparaît.

Comment s'étonner que ce héros mystérieux ne s'en tienne pas à des exploits vulgaires? D'ailleurs n'est-il pas l'incarnation de l'idée de justice? Et quelle n'est pas la puissance d'une idée? N'a-t-il pas raison le poète qui proportionne la force de ses héros à la grandeur de la pensée qui les a fait surgir? Puisqu'Ajax est assez hardi pour défier les dieux, il peut bien lancer à l'armée ennemie des pierres que l'effort de dix hommes ne ferait pas remuer sur le sol. Mais, ici, le bras humain est soutenu, est dirigé, est renforcé par une volonté toute céleste. Eviradnus est un levier providentiel :

> Sa grande épée était le contrepoids de Dieu.

Or, Dieu n'a pas besoin d'un géant, toutes les

fois qu'il veut s'appesantir sur un tyran, ou délivrer un peuple. Il suscite David aussi bien que Samson, Aymerillot aussi bien que Roland ; et le Lion, qui broie le paladin, qui chassé avec mépris le saint ermite, qui fait fuir d'un rugissement les mille archers munis de flèches et de lances, s'effraie du cri de tendresse, de la menace inoffensive d'une fillette, nue et seule, dans son berceau (1).

La puissance de ces chevaliers errants, c'est qu'ils protègent la faiblesse. Leurs adversaires, si violents, si terribles qu'ils soient, seront à leur merci : ils ont contre eux l'innocence de la victime. A l'époque des paladins, cette victime est arrachée au monstre, comme une Andromède, ou une Hémione. Éviradnus sauve, sans l'éveiller, la marquise Mahaud. Le petit roi de Galice, Nuno, se dérobe aux bandits, grâce au blanc palefroi, et rentre « dans sa ville au son joyeux des cloches. »

L'âge des preux passé, le sang de la victime coulera. Et pour nous inspirer l'horreur de ces meurtres sacrilèges, le poète épuisera les ressources de la pitié. Angus, qu'égorge Tiphaine, est un garçon « doré, vermeil, » habillé « de soie et de lin, » souriant, ébloui, comme éclairé de confiance virginale :

(1) *L'Art d'être grand-père* : l'Epopée du Lion.

Et l'on croit voir l'entrée aimable de l'aurore

Il tient du moins une épée. Mais Isora, que Ratbert va faire étrangler, porte un jouet dans chaque main ! Sa parole est un gazouillement d'oiseau ; avec son œil bleu et ses cheveux d'or, elle ressemble aux chérubins peints à fresque dans le corridor du château :

Et ses beaux petits bras ont des mouvements d'ailes.

La conscience du lecteur, oppressée douloureusement par ces tragédies impitoyables, accepte comme une délivrance des dénouements pleins d'horreur. Si réaliste que soit l'exécution de Tiphaine par l'aigle du casque, on n'est plus libre d'en souffrir, on songe à peine à s'en épouvanter ; et, quand la tête du marquis Fabrice est tranchée par le « misérable porte-glaive, » le coup qui fait tomber celle du roi Ratbert peut seul absoudre la Providence :

Le glaive qui frappa ne fut point aperçu ;
D'où vint ce sombre coup, personne ne l'a su ;
Seulement, ce soir-là, bêchant pour se distraire,
Héraclius le chauve, abbé de Joug-Dieu, frère
D'Acceptus, archevêque et primat de Lyon,
Étant aux champs avec le diacre Pollion,
Vit, dans les profondeurs par les vents remuées,
Un archange essuyer son épée aux nuées.

4° Après la file glorieuse des héros, après la

théorie charmante et douloureuse des victimes, voici les monstres. Ce ne sont pas, comme on pourrait s'y attendre, les tarasques, les hydres aux cent nœuds gonflés de venin. Ce sont les bêtes féroces à face humaine, le hideux « sanglier » Tiphaine, le « tigre » implacable Ratbert, Ruy, « subtil » comme le renard, Rostabat, « prince carnassier. » Ce sont les rois pyrénéens partant pour l'aventure, au retour du printemps, avec des « mouvements d'ours engourdis. »

Ces misérables couronnés emportent la plus hideuse part du legs de Caïn : ils ont hérité de son crime. Gaïffer Jorge, chasseur rusé, a conduit son frère jumeau, Astolphe, au fond d'une clairière, et, par derrière, il l'a frappé de son couteau.

Le roi Kanut,

....... A l'heure où l'assoupissement
Ferme partout les yeux sous l'obscur firmament,
Ayant pour seul témoin la nuit, l'aveugle immense,
Vit son père Swéno, vieillard presque en démence,
Qui dormait, sans un garde à ses pieds, sans un chien;
Il le tua, disant : Lui-même n'en sait rien.
Puis il fut un grand roi.

Il faut remarquer que toute cette sombre épopée du moyen âge est enclavée dans la *Légende des siècles* entre deux pièces où le sentiment de la paternité s'exprime en traits de terreur et de pathétique vraiment sublimes. Ou il n'y a pas de merveilleux épique, ou celui du poème *Le Parricide* remuera toute imagination et toute sensibilité aussi puissamment que les scènes de l'évocation des ombres dans l'Odyssée.

Kanut est mort. L'évêque d'Aarhus vient de déclarer qu'il est saint, et les prêtres le voient assis à la droite du Père.

Mais la première nuit qu'il est dans le tombeau de pierre, le mort se lève, « rouvre ses yeux obscurs, » traverse la mer qui reflète les dômes et les tours d'Altona, d'Elseneur, va droit au mont Savo, se taille avec son épée un manteau de neige, et « dans la grande nuit » s'avance du côté de Dieu. La blancheur du linceul le rassure.

Tout à coup une étoile noire y paraît. Elle s'y élargit. C'est une goutte de sang tombée on ne sait d'où. Et à mesure que le spectre chemine, à chaque pas qu'il fait vers la demeure du juge éternel, une autre goutte tombe sur son suaire. Quand le parricide arrive à la porte des cieux et entend l'hosanna des anges, le linceul de neige est tout empourpré.

Et c'est pourquoi le roi n'a pas osé paraître au tribunal de Dieu. Il s'est enfui devant l'aurore. Il recule toujours dans la nuit.

Et sans pouvoir rentrer dans sa blancheur première,
Sentant, à chaque pas qu'il fait vers la lumière,
Une goutte de sang sur sa tête pleuvoir,
Rôde éternellement sous l'énorme ciel noir.

Dans *la Paternité*, le vieux duc Jayme, sorte de Titan chrétien, bardé de fer, sans reproche, sans peur, sans faiblesse, résume en lui toutes les fières vertus de l'ancien preux. Il est du temps où

> Le mal, le bien,
> Le bon, le beau, vivaient dans la chevalerie ;
> L'épée avait fini par être une patrie.

Son fils Ascagne est brave ; mais il laisse accomplir à ses soldats « des actes de bandits ; » il a mis une ville à feu et à sang ; le meurtre a duré trois jours ; on a brûlé les maisons. Des enfants ont été jetés dans les fournaises. Le duc Jayme a souffleté son fils, et le fils s'en est allé dans la sierra, hors la loi, loin du toit natal, retranché du tronc paternel.

« Ce père aimait ce fils. » Resté seul, il descend dans la crypte où son propre père est enterré. La statue d'airain de don Alonze est au-dessus de son tombeau. Le colosse est assis comme un dieu égyptien, les mains sur les genoux. Jayme s'agenouille devant ce juge. La « digue des sanglots » se rompt dans son vieux cœur, et il épanche aux pieds de l'ancêtre presque divin sa tendresse de fils héroïque, sa désolation de père justicier.

Il cria : — Père ! Ah ! Dieu ! tu n'es plus sur la terre,
Je ne t'ai plus ! Comment peut-on quitter son père ?
Comme on est différent de son fils, ô douleur !
Mon père ! ô toi le plus terrible, le meilleur,
Je viens à toi. Je suis dans ta sombre chapelle,
Je tombe à tes genoux, m'entends-tu ? Je t'appelle.
Tu dois me voir, le bronze ayant d'étranges yeux.
Ah ! j'ai vécu ; je suis un homme glorieux,
Un soldat, un vainqueur ; mes trompettes altières
Ont passé bien des fois par-dessus des frontières ;
Je marche sur les rois et sur les généraux ;
Mais je baise tes pieds. Le rêve du héros,
C'est d'être grand partout et petit chez son père.
Le père, c'est le toit béni, l'abri prospère,
Une lumière d'astre à travers les cyprès,
C'est l'honneur, c'est l'orgueil, c'est Dieu qu'on sent tout
                                                              près.
Hélas ! le père absent c'est le fils misérable.
O toi, l'habitant vrai de la tour vénérable,
Géant de la montagne et sire du manoir,
Superbement assis devant le grand ciel noir,
Occupé du lever de l'aurore éternelle,
Comte, baisse un moment ta tranquille prunelle
Jusqu'aux vivants, passants confus, roseaux tremblants,
Et regarde à tes pieds cet homme en cheveux blancs,
Abandonné, tout près du sépulcre, qui pleure,
Et qui va désormais songer dans sa demeure,
Tandis que les tombeaux seront silencieux
Et que le vent profond soufflera dans les cieux.

Mon fils sort de chez moi, comme un loup d'un repaire.
Mais est-ce qu'on peut être offensé par son père?

. . . . . . . . . . . .

5° Du panégyrique naïvement dénonciateur de Cantemir, l'historien turc, prosterné « à plat ventre » devant le succès, et glorifiant sans vergogne le souverain même le plus sanglant, Hugo a tiré deux satires puissantes : *Sultan Mourad* et *Zim-Zizimi*.

Ce qui frappe dans ces sinistres *Orientales*, c'est le mérite étrange de couleur, et la puissance de style imagé qui éclatent dans les deux morceaux. Dans *Zim-Zizimi* notamment il faut voir ce qu'une imagination nourrie de la langue biblique, et imprégnée de mystère comme celle d'un prêtre égyptien, d'un pâtre chaldéen, d'un mage de Médie, peut faire, en la soulevant de son souffle, d'une déclamation de Juvénal. Voici des traits venus du satirique latin :

Pour le mur qui sera la cloison de sa tombe,
Des potiers font sécher de la brique au soleil.

. . . . . . . . .

Elle a pris de la terre et bouché l'ouverture.

Mais comme la puissance de ces expressions d'emprunt est dépassée, chez Hugo, par tant d'autres qu'il crée ! Toute la sombre poésie des nécropoles n'est-elle pas contenue dans ces paroles si singulièrement évocatrices ?

Et nul ne pourrait dire à quelle profondeur,
Ni dans quel sombre puits, ce Pharaon sévère
Flotte, plongé dans l'huile, en son cercueil de verre.

Les réponses ironiques et glaciales des dix Sphinx tombent comme des coups de marteau répétés sur l'orgueil d'un souverain dont le poète a défini ainsi le despotisme :

Il règne ; et le morceau qu'il coupe de la terre
S'agrandit chaque jour sous son noir cimeterre.

Et quand le sultan veut chasser de sa pensée le spectacle affreux que les Sphinx viennent d'évoquer, quelle image de la vie heureuse, sereine, souriante, s'offre à ses yeux dans la coupe

. . . . . Où brillait
Le vin semé de sauge et de feuilles d'œillet.

Mais si l'on entreprend d'énumérer les beautés d'expression de ces pièces de la *Légende*, où s'arrêter ? Il faudrait citer, rapporter tous les cadres, celui du combat de Roland, si expressif et si réel, avec deux traits de description :

Ils sont là seuls tous deux dans une île du Rhône.
Le fleuve à grand bruit roule un flot rapide et jaune ;
Le vent trempe en sifflant les brins d'herbe dans l'eau ;

celui de Bivar, ce patio étroit de manoir aragonais avec sa grille, apparemment forgée en plein métal ; celui du ravin d'Ernula, celui du pont de Crassus, celui du manoir de Corbus avec ses panoplies rangées au mur ; celui du tournoi de Tiphaine et d'Angus :

. . . . Une enceinte, une clairière ouverte.
Sur des champs où la Tweed coule dans l'herbe verte,
Lente et molle rivière aux roseaux murmurants ;

et pour borner, au premier détour du chemin, cette revue de paysages merveilleux, le castillo de Masferrer bâti sur le rocher, dans cette zone redoutable où commence

La semelle des ours marquant dans les chemins
Des espèces de pas horribles, presque humains.

Le même peintre qui faisait fourmiller sur de vastes toiles les innombrables bataillons de l'armée perse, et qui jette, quand il lui plaît, la couleur à pleine pâte, brossant avec fougue, ou écrasant ocres et outremers du bout du couteau à palette, avec des effets hardis, imprévus, offensants, s'arme aussi d'un pinceau précis, aigu, impérieux comme un burin :

. . . . . . . . . Voilà le régiment
De mes hallebardiers qui va superbement.
. . . . . . . . . . . . . . . . . . . . . . .
Ils marchent droits, tendant la pointe de leurs guêtres ;

> Leur pas est si correct, sans tarder ni courir,
> Qu'on croit voir des ciseaux se fermer et s'ouvrir.

Le même sculpteur qui taille dans le jade vert les bouddhas et les pharaons, qui ébauche dans la neige du glacier le pâle spectre de Kanut, ou dans la roche granitique le masque noir de Masferrer, se divertit à ciseler le drap d'or d'un pourpoint, le point d'une dentelle; il rivaliserait avec le fameux Gil, si habile à cacher

> . . . . . . . . . . . Au gré des jeunes filles
> Dans un pommeau d'épée une boîte à pastilles.

Le trait moral d'une physionomie n'est pas perdu dans ce souci de la couleur et du relief saisissant. L'âme de Philippe II surgit devant nous aussi bien que son corps, dans ces vers à la fois pittoresques et psychologiques :

> Son pas funèbre est lent comme un glas de beffroi.
> . . . . . . . . . . . . . . .
> Et le lugubre roi sourit de voir groupées
> Sur quatre cents vaisseaux quatre cent mille épées.

Il suffit de parcourir le livre pour rencontrer à côté de pièces, effrayantes d'énergie et d'une poésie toute biblique, des idylles telles que celle des *Pauvres Gens*, ou le roman, réaliste d'inspiration, si poétique de forme, qui s'appelle le *Petit Paul*. Je ne crois pas rabaisser ces deux récits poignants en reconnaissant qu'ils font verser de vraies larmes.

Telle autre pièce, le *Cimetière d'Eylau*, dégage une émotion bien singulière. Aucune altération de la réalité brutale, aucun prestige lyrique, enveloppant d'une auréole lumineuse les détails cruels de l'action; et pourtant, sur cette misère mise à nu, sur cette neige ensanglantée planent des souffles d'héroïsme, brillent des traits de courage enflammé. Il y a dans le dénouement de ce drame autant de beauté morale que dans un trait de valeur de Cynégyre ou de Léonidas.

Mon sergent me parla, je dis au hasard: oui.
Car je ne voulais pas tomber évanoui.
Soudain le feu cessa, la nuit sembla moins noire.
Et l'on criait: Victoire! et je criai: Victoire!
J'aperçus des clartés qui s'approchaient de nous.
Sanglant, sur une main et sur les deux genoux
Je me traînai; je dis: Voyons où nous en sommes.
J'ajoutai: Debout, tous! Et je comptai mes hommes.
— Présent! dit le sergent. — Présent! dit le gamin.
Je vis mon colonel venir, l'épée en main.
— Par qui donc la bataille a-t-elle été gagnée?
— Par vous, dit-il. — La neige étant de sang baignée,
Il reprit: — C'est bien vous, Hugo? c'est votre voix?
— Oui. — Combien de vivants êtes-vous ici? — Trois.

Il faut, pour marquer une qualité essentielle de la *Légende des siècles*, parler des rythmes. Et ce n'est pas seulement les morceaux lyriques dont il faut louer la variété toujours renouvelée, l'élan puissant, la marche presque ailée. Il faut montrer quelle souplesse le poète a su donner à cet alexandrin, jadis si uniforme, comment il en a, le premier, compté les jointures, et comment il fait jouer toutes ces articulations.

Et je sentis mes yeux se fermer, comme si,
Dans la brume, à chacun des cils de mes paupières,
Une main invisible avait lié des pierres.
J'étais comme est un peuple au seuil du saint parvis,
Songeant, et, quand mes yeux se rouvrirent, je vis
L'ombre. . . . . . . . . . . . . . . . . .
. . . . . . . . . . . . . . . . . . . .
Non, je ne donne pas à la mort ceux que j'aime.
Je les garde ; je veux le firmament pour eux,
Pour moi, pour tous.

On voit suffisamment ce que le vers, ainsi brisé, a de puissance.

Personne pourtant n'a su l'enfermer dans une gaine plus rigide, ou plutôt, ce n'est pas au fourreau de l'épée que le vers de Hugo fait songer, c'est à l'épée elle-même, trempée, tranchante, aiguë, flexible, ferme, légère, assénée, sifflante, lumineuse.

Que dire de la composition, tour à tour une et implacablement logique, dans *Caïn, Gaïffer, le Parricide* ; ou symétrique, comme un diptyque colossal, dans *Pleine Mer* et *Plein Ciel*, dans

*Tout le passé* et *Tout l'Avenir*, ou singulière, gigantesque, comme les colonnades des temples d'Egypte et d'Asie, dans le dialogue de *Zim-Zizimi* et des dix Sphinx ; ou tragique, et pleine de péripéties, de surprises, de coups de théâtre, de contrastes, d'effets de drame, dans *Eviradnus*, dans *la Défiance d'Onfroy*, dans *la Confiance de Fabrice* ?

L'ART D'ÊTRE GRAND'PÈRE.

Dans la série des œuvres de Hugo, *l'Art d'être grand-père* peut être indiqué comme un écrit caractéristique de sa dernière manière.

L'idée dominante du livre est originale et touchante : s'il y a une réponse aux objections tirées du mal moral contre la Providence, c'est l'enfant. Cette idée se résume dans des vers comme celui-ci :

La souveraineté des choses innocentes,

ou au contraire se développe, avec une pleine clarté, par exemple dans cette fin de pièce très expressive :

Certe, il est salutaire et bon pour la pensée,
Sous l'entre-croisement de tant de noirs rameaux,
De contempler parfois, à travers tous nos maux,
Qui sont entre le ciel et nous comme des voiles,
Une profonde paix toute faite d'étoiles ;
C'est à cela que Dieu songeait quand il a mis
Les poètes auprès des berceaux endormis.

Pour ce poète aïeul, le sommeil de l'enfance est comme un retour momentané de l'âme dans l'azur céleste. Il se penche donc sur le berceau

VICTOR HUGO EN 1873
(d'après une photographie de Carjat).

de Jeanne, et il tire de cette contemplation toutes les espérances d'avenir que lui donnait jadis la méditation sur le bord de la tombe.

Le titre « *Jeanne endormie* » revient quatre fois dans *l'Art d'être grand-père*. Dans la première pièce, c'est la grâce étrange de ce repos obstiné « d'une rose » qui préoccupe le poète, et l'explication qu'il en donne est celle-ci : l'enfant, qui vient du ciel, a besoin de le revoir en rêve :

Oh ! comme nous serions surpris si nous voyions,
Au fond de ce sommeil sacré, plein de rayons,
Ces paradis ouverts dans l'ombre, et ces passages
D'étoiles qui font signe aux enfants d'être sages,
Ces apparitions, ces éblouissements !

Dans la seconde pièce, Jeanne endormie retient dans sa petite main le doigt du grand-père, qui parcourt un journal et lit les attaques dont il est l'objet.

Cependant l'enfant dort, et comme si son rêve
Me disait : Sois tranquille, ô père, et sois clément !
Je sens sa main presser la mienne doucement.

Ce contact de l'enfant est pour le poète aussi révélateur que la conscience.

Un troisième tableau nous montre le sourire de Jeanne qui rêve, et l'on nous explique une fois de plus le secret de sa douce extase :

Jeanne au fond du sommeil médite et se compose
Je ne sais quoi de plus céleste que le ciel.

Ce sourire, l'aïeul l'entend, et il devine, en le voyant, tout ce que « l'ombre » recèle de clarté, tout ce qu'il doit en apparaitre à la jeune âme.

Enfin ce berceau, où l'enfant s'enivre de songes, n'est que l'emblème d'un autre berceau où l'homme s'assouvira de la réalité : les promesses de Dieu au nouveau-né s'acquitteront, après la mort, dans le tombeau. Ces quatre pièces marquent en quelque sorte le chemin parcouru par la pensée du poète à travers les développements divers de son ouvrage.

Rose, elle est là qui dort sous les branches fleuries,
Dans son berceau tremblant comme un nid d'alcyon,
Douce, les yeux fermés sans faire attention
Au glissement de l'ombre et du soleil sur elle.
Elle est toute petite ! elle est surnaturelle.
O suprême beauté de l'enfant innocent,
Moi je pense, elle rêve ; et sur son front descend
Un entrelacement de visions sereines ;
Des femmes de l'azur qu'on prendrait pour des reines,
Des anges, des lions, ayant des airs bénins,
De pauvres bons géants protégés par des nains,
Des triomphes de fleurs dans les bois, des trophées
D'arbres célestes, pleins de la lueur des fées,
Un nuage où l'éden apparaît à demi,
Voilà ce qui s'abat sur l'enfant endormi.
Le berceau des enfants est le palais des songes ;
Dieu se met à leur faire un tas de doux mensonges ;

De là leur frais sourire et leur profonde paix.
Plus d'un dira plus tard : Bon Dieu, tu me trompais.
Mais le bon Dieu répond dans la profondeur sombre ;
— Non. Ton rêve est le ciel. Je t'en ai donné l'ombre.
Mais ce ciel, tu l'auras. Attends l'autre berceau,
La tombe. — Ainsi je songe. O printemps ! Chante, oiseau !

Ce n'était pas la première fois que le poète s'extasiait devant l'enfance. La tendresse du père s'était exprimée dans les premiers recueils avec un charme qui ne contribua pas peu à les populariser. Que de gens n'ont connu de Hugo que des vers de la nature de ceux-ci :

Il est si beau, l'enfant, avec son doux sourire,
Sa douce bonne foi, sa voix qui veut tout dire,
    Ses pleurs vite apaisés,
Laissant errer sa vue étonnée et ravie,
Offrant de toutes parts sa jeune âme à la vie,
    Et sa bouche aux baisers.

Ce chant de gloire en l'honneur de l'enfance, le lyrique l'a répété sous toutes les formes. Quant aux figures d'enfant qui traversent sa grande épopée, on a vu à quel point elles sont délicates, touchantes, et combien cette imagination vigoureuse s'est attendrie pour nous parler d'Angus ou d'Isora.

On s'explique aisément les enchantements du grand-père. Hugo lui-même a défini, avec son sourire de sage, ce délire, à la fois involontaire et conscient ;

L'adorable hasard d'être aïeul est tombé
Sur ma tête, et m'a fait une douce fêlure.

L'amour de Hugo pour ses deux petits-enfants ne s'exprime pas de la même manière à l'égard de l'un et de l'autre. Il y a plus d'orgueil et peut-être plus d'emportement passionné dans les cris que lui a inspirés le petit-fils, Georges, l'héritier du nom, le prince présomptif :

Viens, mon George. Ah! les fils de nos fils nous en-
[chantent !

Il y a plus de tendresse émue, et je ne sais quelle abdication touchante de tout autre sentiment que l'admiration dans les paroles de l'aïeul tenant la main de Jeanne, ou l'écoutant jaser, ou la regardant marcher, rire, dormir. Le poète a pour cette frêle créature aux yeux de « myosotis » la même dévotion qu'un courtisan d'Aranjuez pour son Infante, et il ne passe pas devant le frais berceau sans y laisser tomber un madrigal :

Car on se lasse même à servir une rose.

Entre ces deux apparitions lumineuses, une ombre arrive à se glisser : c'est celle d'un autre enfant qui n'a guère fait que naître, briller un moment, et mourir. La pièce exquise intitulée

« Un manque » nous révèle discrètement ce qui peut se mêler de tristesse et de deuil à la gaîté du grand-père, même alors que son rire éclate et se mêle aux « divins vacarmes. »

Le poète note ces cris, ces rires, ces propos ingénus où il croit découvrir par instants le dernier mot de la sagesse :

C'est le langage vague et lumineux des êtres
Nouveau-nés, que la vie attire à ses fenêtres,
Et qui devant Avril éperdus, hésitants,
Bourdonnent à la vitre immense du printemps.

Mais, quelque poésie qu'il mette dans la définition de ce langage, Hugo se garde bien de le dénaturer, de l'embellir par l'expression. Il le reproduit avec une franchise de réalisme dont le vers semblait incapable. Le dialogue de Jeanne et du Grand-Père, la minuscule comédie du Jardin des Plantes intitulée *Ce que dit le public*, avec ses trois personnages qui ont pour noms *Cinq Ans*, *Six ans*, *Sept Ans*, sont, par le ton, par la nature des idées, aussi loin que possible des formules placées dans la bouche d'Eliacin : il ne faut pas le regretter.

La contemplation de cette génération qui bégaye à peine suggère au vieillard des réminiscences du passé, des mouvements de colère ou des cris de fierté au sujet du présent, des **visions de l'avenir.**

Dans le passé, ce qu'il revoit d'abord, c'est le fils qu'il a perdu, et il entend encore le bruit de source que faisait la voix de Charles tout enfant, lorsqu'il parlait « à la tante Dédé. »

Sa mémoire remonte plus loin. Il se retrouve à Rome, au grand soleil, avec ses frères, au temps où Léopold Hugo, jeune officier, regardait tous ses fils jouer dans la caserne,

A cheval sur sa grande épée, et tout petits.

La préoccupation du temps présent se marque par des retours satiriques pareils aux grondements affaiblis d'une fin d'orage. (A propos de la loi dite liberté de l'Enseignement.) Elle se fait jour aussi dans quelques odes, comme la *Chanson d'Ancêtre.*

Parlons de nos aïeux sous la verte feuillée.
Parlons des pères, fils ! — Ils ont rompu leurs fers
Et vaincu ; leur armure est aujourd'hui rouillée.
Comme il tombe de l'eau d'une éponge mouillée,
De leur âme dans l'ombre il tombait des éclairs,
Comme si dans la foudre on les avait trempées.
  Frappez, écoliers,
  Avec les épées,
  Sur les boucliers.

. . . . . . . . . . . . . . . . .

Quand une ligue était par les princes construite,
Ils grondaient, et, pour peu que la chose en valût
La peine, et que leur chef leur criât: Tout de suite !
Ils accouraient : alors les rois prenaient la fuite

En hâte, et les chansons d'un vil joueur de luth
Ne sont pas dans les airs plus vite dissipées.
   Frappez, écoliers,
   Avec les épées,
   Sur les boucliers.

Lutteurs du gouffre, ils ont découronné le crime,
Brisé les autels noirs, détruit les dieux brigands ;
C'est pourquoi, moi vieillard, penché sur leur abîme,
Je les déclare grands ; car rien n'est plus sublime
Que l'océan avec les profonds ouragans,
Si ce n'est l'homme avec ses sombres épopées.
   Frappez, écoliers,
   Avec les épées,
   Sur les boucliers.

. . . . . . . . . . . . . . . . . . . . . . . .

Levez vos fronts ; voyez ce pur sommet, la gloire.
Ils étaient là : voyez cette cime, l'honneur,
Ils étaient là : voyez ce hautain promontoire,
La liberté : mourir libres fut leur victoire.
Il faudra, car l'orgie est un lâche bonheur,
Se remettre à gravir ces pentes escarpées.
   Frappez, chevaliers,
   Avec les épées,
   Sur les boucliers.

Quant à l'avenir, il remplit toute la dernière partie de l'*Art d'être grand-père*, celle qui porte le titre : « QUE LES PETITS LIRONT QUAND ILS SERONT GRANDS. » Nous y retrouvons le rêve généreux du progrès absolu, et la marche en avant vers ce but déjà visible, qui est l'évènement de la loi de justice. Jamais Hugo ne s'est peut-être élevé à une plus pure expression de ces nobles idées.

On ne peut pas parler avec quelque détail de *l'Art d'être grand-père*, et négliger les cadres divers dans lesquels le poëte a placé les visages de ses petits-enfants. C'est la chambre où le berceau semble rayonner ; c'est la salle dont le parquet sera jonché, en un jour de malheur, par les débris du vase merveilleux qui racontait « toute la Chine ; » c'est le jardin, où Jeanne, assise sur le gazon, s'avise tout à coup d'exiger qu'on lui donne la lune à croquer comme une friandise. C'est le bois, où courent les faons, les biches, les chevreuils et les cerfs, effrayés par le seul mouvement des branches :

Car les fauves sont pleins d'une telle vapeur
Que le frais tremblement des feuilles leur fait peur.

C'est la vallée, où la perdrix court lestement « le long des berges. »

Petit Georges ? veux-tu ? nous allons tous les deux
Nous en aller jouer là-bas sous le vieux saule ?

C'est la grève de Guernesey et sa rumeur vivante.

J'entends des voix. Lueurs à travers ma paupière.
Une cloche est en branle à l'église Saint-Pierre.

Cris des baigneurs. Plus près ! plus loin ! non, par ici !
Non, par là ! Les oiseaux gazouillent, Jeanne aussi.
Georges l'appelle. Chant des coqs. Une truelle
Racle un toit. Des chevaux passent dans la ruelle.
Grincement d'une faulx qui coupe le gazon.
Chocs. Rumeurs. Des couvreurs marchent sur la maison.
Bruits du port. Sifflements des machines chauffées.
Musique militaire arrivant par bouffées.
Brouhaha sur le quai. Voix françaises. Merci.
Bonjour. Adieu. Sans doute il est tard, car voici
Que vient tout près de moi chanter mon rouge-gorge.
Vacarme de marteaux lointains dans une forge.
L'eau clapote. On entend haleter un steamer.
Une mouche entre. Souffle immense de la mer.

En regard des cadres fournis par la nature libre, voici la nature artificielle, le jardin de M. de Buffon, avec ses marbres alignés, son parterre au cordeau, son chêne classique et son cèdre qui se « résigne. » Les enfants y cherchent « la vision des bois ; » ils y trouvent « un raccourci » de l'immense univers. Mais pendant que les bambins contemplent, « les yeux grands ouverts, » les monstres des contrées les plus lointaines, l'imagination du poète franchit la clôture de ce jardin, et elle parcourt d'un vol d'aigle les terres mystérieuses d'où cette faune aux formes effrayantes a jailli.

En lisant les vers qui composent ce recueil, on ne peut pas croire que la faculté poétique de Hugo se soit affaiblie. Elle s'est accommodée, d'une part aux nécessités du sujet, de l'autre aux sollicitations de l'âge. Le vers, d'une souplesse infinie, serait capable, à l'occasion, des effets de vigueur : le poète ne les recherche plus. Il a laissé l'épée, le harnais, le cheval de combat ; il s'en tient à l'allure pédestre. Mais dans les sentiers où il mène ses petits-enfants, que de fleurs inaperçues son clair regard découvre ; que d'impressions fraîches et inédites il ressent ! Et qu'il nous suggère de visions vives, inoubliables, depuis ces « paysages de lune où rôde la chimère » jusqu'à ce bouquet qui jaillit du rocher, et frissonne au « baiser » de l'air, jusqu'à cette fête des ajoncs dorant les ravins, jusqu'à cette folle foison « du petit peuple des fougères ! »

Si le sujet comportait les grandes images, les symboles puissants, on peut s'assurer que la source n'en est pas tarie. Qu'une idée comme celle de l'immortalité traverse un moment ce cerveau attentif à de moindres objets, elle en sort transfigurée, éblouissante. Le poète écrit ce drame de l'oiseau, fuyant, à travers sa prison, la main du géant qui ne vient le saisir que pour le rendre au bois natal, à l'espace et à la lumière :

Tout rayonne ; et j'ai dit, ouvrant la main : Sois libre!
L'oiseau s'est évadé dans les rameaux flottants,

Et dans l'immensité splendide du printemps ;
Et j'ai vu s'en aller au loin la petite âme
Dans cette clarté rose où se mêle une flamme,
Dans l'air profond, parmi les arbres infinis,
Volant au vague appel des amours et des nids,
Planant éperdument vers d'autres ailes blanches,
Ne sachant quel palais choisir, courant aux branches,
Aux fleurs, aux flots, aux bois fraîchement reverdis,
Avec l'effarement d'entrer au paradis.

Alors, dans la lumière et dans la transparence,
Regardant cette fuite et cette délivrance,
Et ce pauvre être ainsi disparu dans le port,
Pensif, je me suis dit : Je viens d'être la mort.

LE PAPE. — RELIGIONS ET RELIGION. — L'ANE. — LA PITIÉ SUPRÊME.

On ne peut pas séparer les quatre ouvrages qui ont pour titres : *Le Pape. Religions et Religion. L'Ane. La Pitié suprême.* C'est tout le système philosophique de Hugo vieillissant, qui s'exprime dans cette tétralogie. Je renvoie les jeunes lecteurs curieux d'approfondir cette partie abstruse de l'œuvre poétique de Hugo, et capables de l'effort d'esprit que cette étude exige, à l'analyse que j'en ai donnée ailleurs (1). Je me bornerai ici à indiquer le trait dominant de chacun de ces quatre poèmes.

Dans *Religions et Religion,* Hugo s'est attaché surtout à réfuter la superstition religieuse, et à montrer qu'il n'y a pas de pire athéisme qu'une religion étroite, obscure, édifiée avec les préjugés humains.

Dans *l'Ane* il fait la guerre à la fausse science, cet auxiliaire redoutable de la fausse religion ;

---

(1) Voir: Victor Hugo: L'homme et le poète. *Les quatre cultes.* (Librairie Lecène et Oudin.)

il voit en elle un instrument de dégradation des âmes au service de la tyrannie :

En forgeant des pédants, vous créez des valets.

Dans la *Pitié suprême*, il développe cette idée que du bourreau et de la victime, celui qui est le plus malheureux, le plus à plaindre, c'est le bourreau. On a remarqué avec raison que cette théorie étrangement haute revient à ce mot de Danton : « J'aime mieux être guillotiné que guillotineur. »

*Le Pape* est de ces quatre ouvrages le plus accessible; c'est en quelque sorte la traduction figurée, symbolique, ou, comme disaient les philosophes grecs, le mythe du système philosophique de Hugo. Le poète a imaginé là une figure dans laquelle il a rassemblé tous les traits de la vertu idéale dont Dieu ou la conscience éternelle est la parfaite expression. Dans ce livre, le Pape commence par répudier toute la grandeur usurpée dont les autres hommes l'ont revêtu; il abdique son trône; il sort de Rome pour rentrer dans l'humanité; il pénètre dans le synode d'Orient pour reprocher au patriarche et aux évêques d'avoir doré l'autel, trahi le peuple et fait aux souverains le sacrifice de la loi; il s'introduit dans la mansarde où l'enfant du pauvre meurt de froid et de faim, et il rend la foi au père désespéré en lui donnant la moitié de son pain.

### UN GRENIER

*L'hiver. Un grabat.*

UN PAUVRE. *Sa famille près de lui.*

LE PAUVRE.

Je ne crois pas en Dieu.

LE PAPE, *entrant.*

Tu dois avoir faim. Mange.

*Il partage son pain et en donne la moitié au pauvre.*

LE PAUVRE.

Et mon enfant ?

LE PAPE.

Prends tout.

*Il donne à l'enfant le reste de son pain.*

L'ENFANT, *mangeant.*

C'est bon.

LE PAPE, *au pauvre.*

L'enfant, c'est l'ange. Laisse-moi le bénir.

LE PAUVRE.

Fais ce que tu voudras.

LE PAPE, *vidant une bourse sur le grabat.*

Tiens, voici de l'argent pour t'acheter des draps.

LE PAUVRE.

Et du bois.

LE PAPE.

Et de quoi vêtir l'enfant, la mère,
Et toi, mon frère. Hélas ! cette vie est amère.
Je te procurerai du travail. Ces grands froids
Sont durs. Et maintenant parlons de Dieu.

LE PAUVRE.

J'y crois.

Ce père des peuples parcourt les foules, et il y cherche, comme d'autres un trésor, les misères, les maladies, les lèpres de toute sorte; il se fait un cortège de toutes ces infirmités; il a sa légion, sa cour de misérables. Il frissonne de sympathie à la vue du troupeau des hommes grelottant comme un parc de brebis dont le tondeur a fait tomber la laine; il implore pour eux la grâce des vents sans merci. Il veut que dans l'église, ce

Large espace, enclos
De bons murs, préservé des vents et des tempêtes, »

on range « des lits pour les pauvres. » Il se jette entre deux armées qui vont s'entre-tuer pour obéir aux caprices des rois, entre deux ennemis qui vont s'entr'égorger, quoique fils de la même France. Il proclame le droit du pauvre à la bonté du riche, le droit du riche à la clémence, à la pitié du pauvre. Il nie le droit du talion. Il proscrit le code barbare qui fait de la mort la sanction des lois. Amour, pitié, paix à tous, voilà le dernier mot de ce *credo* sublime.

# LA FIN DE L'ŒUVRE POÉTIQUE

## ET LES ÉCRITS POSTHUMES.

### I

Le livre des *Quatre vents de l'esprit* présente en raccourci l'œuvre poétique de Hugo, ou tout au moins nous en résume les aspects, satire, drame, ode, épopée.

Dans la partie du livre consacrée à la satire, Hugo définit la satire même. Il montre quel rôle social a pris, de notre temps, cette forme de la poésie.

Du temps que le poète était écolier, le genre satirique en vigueur n'était guère qu'une façon de critique littéraire agressive et mesquine, l'art de découvrir des défauts et de ne pas entendre les beautés inusitées :

Dévidant sa leçon et filant sa quenouille,
Le petit Andrieux, à face de grenouille,
Mordait Shakspeare, Hamlet, Macbeth, Lear, Othello,
Avec ses fausses dents prises au vieux Boileau.

Dans la pensée de Hugo, la satire de ce siècle-ci ne peut s'en tenir à ces gloses superficielles. Il ne lui suffit même plus de s'attaquer à un métier, à une caste, et de s'égayer aux dépens des marquis ou des médecins. Elle a pour mission de condamner et de flétrir les oppresseurs, elle doit sa pitié aux vaincus, son aide aux misérables, son admiration exaltée aux grands esprits persécutés ou méconnus ; il faut qu'elle surgisse, à la façon du spectre de Shakespeare, à l'heure du banquet, et qu'au milieu du triomphe immoral,

**Elle apporte cynique un rire d'Euménide,**

Mais son devoir le plus impérieux, c'est d'arracher le peuple à sa torpeur, de l'éveiller de son sommeil, de rallumer en lui l'indignation éteinte.

Le poète est donc une sorte de champion du droit; il ressemble à ces chevaliers, à ces preux de la légende; sa destinée est de lutter comme eux pour la justice.

Lorsque j'étais encore un tout jeune homme pâle,
Et que j'allais entrer dans la lice fatale,
Sombre arène où plus d'un avant moi se perdit,
L'âpre Muse aux regards mystérieux m'a dit :
— Tu pars ; mais, quand le Cid se mettait en campagne,
Pour son Dieu, pour son droit et pour sa chère Espagne,

Il était bien armé ; ce vaillant Cid avait
Deux casques, deux estocs, sa lance de chevet,
Deux boucliers : il faut des armes de rechange ;
Puis il tirait l'épée et devenait archange.
As-tu ta dague au flanc ? voyons, soldat martyr,
Quelle armure vas-tu choisir et revêtir ?
Quels glaives va-t-on voir luire à ton bras robuste ?
— J'ai la haine du mal et j'ai l'amour du juste,
Muse ; et je suis armé mieux que le paladin.
— Et tes deux boucliers ? — J'ai mépris et dédain.

Une comédie de salon et une tragédie de paravent remplissent tout le livre dramatique. La comédie, *Margarita*, n'est guère qu'une idylle où la galanterie la moins naïve vient émousser toutes ses armes contre le charme et la candeur de l'amour vrai. Le drame, *Esca*, est quelque chose comme un proverbe à dénouement tragique. Le sujet se résumerait dans un titre comme celui-ci : *Plus que femme ne peut*, ou encore : *Qui tue l'amour, l'amour le tue*.

Des quatre parties du livre, la plus originale ( il ne faut pas s'en étonner ) est encore la partie lyrique. Les premières pièces de ce suprême recueil d'odes ne donnent pas précisément cette impression de nouveauté. On les rattacherait très justement aux *Châtiments* : elles en constituent comme le revers élégiaque. Mais voici que la nature entre en scène, et tout change.

D'abord le poète ne semble la voir que par les plus sombres aspects. Du haut de la falaise, il jette sur la mer le même regard navré que sur un immense sépulcre. S'il nous parle du bois, c'est pour nous traduire l'impression de deuil qui s'en dégage aux heures troubles de la nuit :

> . . . . . . . . .
> On entend passer un coche,
> Le lourd coche de la mort.
> Il vient, il roule, il approche,
> L'eau hurle et la bise mord.
>
> . . . . . . . . .
> Il emporte beauté, gloire,
> Joie, amours, plaisirs bruyants ;
> La voiture est toute noire,
> Les chevaux sont effrayants.
>
> . . . . . . . . .
> L'air sanglote et le vent râle,
> Et sous l'obscur firmament
> La nuit sombre et la mort pâle
> Se regardent fixement.

A cette vue pessimiste de la nature succède une interprétation tout opposée des choses : elles prennent soudain comme un aspect réconfortant, réparateur ; elles ne sont plus que l'expression enveloppée, mais irréfutable de l'absolue Bonté, de l'absolue Justice. C'est ce sentiment qui donne tant de profondeur et de

puissance aux quatre méditations intitulées
*Promenades dans les Rochers.*

### PREMIÈRE PROMENADE.

Un tourbillon d'écume, au centre de la baie
Formé par de secrets et profonds entonnoirs,
Se berce mollement sur l'onde qu'il égaie,
Vasque immense d'albâtre au milieu des flots noirs.

Seigneur ! que faites-vous de cette urne de neige ?
Qu'y versez-vous dès l'aube et qu'en sort-il la nuit ?
La mer lui jette en vain sa vague qui l'assiège,
Le nuage sa brume et l'ouragan son bruit.

L'orage avec son bruit, le flot avec sa fange,
Passent ; le tourbillon vénéré du pêcheur,
Reparaît, conservant, dans l'abîme où tout change,
Toujours la même place et la même blancheur.

Le pêcheur dit : — C'est là qu'en une onde bénie,
Les petits enfants morts, chaque nuit de Noël,
Viennent blanchir leur aile au souffle humain ternie,
Avant de s'enrôler pour être anges au ciel.

Moi je dis : — Dieu mit là cette coupe si pure,
Blanche en dépit des flots et des rochers penchants,
Pour être, dans le sein de la grande nature,
La figure du juste au milieu des méchants.

### DEUXIÈME PROMENADE.

La mer donne l'écume et la terre le sable.
L'or se mêle à l'argent dans les plis du flot vert.

J'entends le bruit que fait l'éther infranchissable,
Bruit immense et lointain, de silence couvert.

Un enfant chante auprès de la mer qui murmure,
Rien n'est grand, ni petit. Vous avez mis, mon Dieu,
Sur la création et sur la créature
Les mêmes astres d'or et le même ciel bleu.

Notre sort est chétif ; nos visions sont belles.
L'esprit saisit le corps et l'enlève au grand jour.
L'homme est un point qui vole avec deux grandes ailes,
Dont l'une est la pensée et dont l'autre est l'amour.

Sérénité de tout ! majesté ! force et grâce !
La voile rentre au port et les oiseaux aux nids.
Tout va se reposer, et j'entends dans l'espace
Palpiter vaguement des baisers infinis.

Le vent courbe les joncs sur le rocher superbe
Et de l'enfant qui chante il emporte la voix.
O vent ! que vous courbez à la fois de brins d'herbe,
Et que vous emportez de chansons à la fois !

Qu'importe ! Ici tout berce, et rassure, et caresse.
Plus d'ombre dans le cœur ! plus de soucis amers !
Une ineffable paix monte et descend sans cesse
Du plus profond de l'âme au plus profond des mers.

On voudrait tout citer ; mais il faut se borner à résumer les deux autres pièces. La *Troisième promenade* met en présence du soleil qui descend, le vieillard déclinant vers la tombe. L'homme sait bien que le soleil meurt pour renaître, et le soleil pourrait dire si l'homme est né seulement pour mourir. N'est-ce pas ce secret que l'astre et le vieillard se confient en silence et par l'échange d'un regard ?

O moment solennel ! les monts, la mer farouche,
Les vents faisaient silence et cessaient leur clameur.
Le vieillard regardait le soleil qui se couche ;
Le soleil regardait le vieillard qui se meurt.

Enfin la *Quatrième promenade* est comme l'expression de cette loi d'amour qui est la vraie formule du Très-Haut. Cette loi, la nature la balbutie. Le poète, assemblant tous les sons que l'univers bégaye, la proclame.

Tous les objets créés, feu qui luit, mer qui tremble,
Ne savent qu'à demi le grand nom du Très-Haut.
Ils jettent vaguement les sons que seul j'assemble ;
Chacun dit sa syllabe, et moi je dis le mot.

Ma voix s'élève aux cieux, comme la tienne, abîme !
Mer, je rêve avec toi ! monts, je prie avec vous !
La nature est l'encens, pur, éternel, sublime ;
Moi je suis l'encensoir intelligent et doux.

Le livre épique est rempli par un seul poème, la *Révolution*. Hugo s'empare de ce lieu commun historique : les fautes des rois ont condamné la royauté, et il le traduit puissamment par la chevauchée des Statues.

Du terre-plein du Pont-Neuf, au milieu d'une noire nuit, le cavalier d'airain, qui fut Henri de France et de Navarre, se détache. Il s'achemine à travers les rues de l'antique Paris. Il arrive à la grande place « aux arcades de pierre » où se dresse un cavalier de marbre blanc couronné de lauriers. Le lourd fantôme de Louis XIII s'ébranle à son tour. Le roi batailleur, bardé de fer, et le pâle roi justicier vont éveiller, dans son carrefour, l'ombre du roi soleil, du roi divin, et les trois souverains s'en vont chercher « celui que ces sujets appelaient Bien-Aimé. »

Avec ce marbre et ces bronzes en marche, toute une face du passé, la royauté, terrible et triomphante, se dresse devant nous. Voici l'autre face, le peuple. Sur la route des « quais noirs » que suivent les statues, apparaît le Pont-Neuf avec ses mascarons étranges. Toutes ces « gueules douloureuses, » ouvrage d'un « rude ouvrier, » figurent la foule sans nom des « souffrants » et des « lamentables... » Dans le regard de ces masques tordus par les sanglots ou convulsés par les ricanements s'allume une lueur vengeresse, et l'un de ces visages de damnés prend une voix pour dire au troupeau des manants ce que furent ces rois qui passent. Avec ce réquisitoire brûlant, la satire, une fois de plus, enflamme l'épopée.

Et voici l'élément tragique. Les rois sont

arrivés au bout de leur course nocturne. Sur la place déserte, au lieu où le regard de ces aïeux cherche le descendant, se dressent deux poteaux noirs surmontant un triangle livide :

L'œil qui dans ce moment suprême eût observé
Ces figures, de glace et de calme vêtues,
Eût vu distinctement pâlir les trois statues.

Ils se taisaient ; et tout se taisait autour d'eux ;
Si la mort eût tourné son tablier hideux,
On en eût entendu glisser le grain de sable.

Une tête passa dans l'ombre formidable ;
Cette tête était blême ; il en tombait du sang,

Et les trois cavaliers frémirent ; et, froissant
Vaguement le pommeau de sa lugubre épée,
L'aïeul de bronze dit à la tête coupée
(Dialogue funèbre et du gouffre écouté) :

— Ah ! l'expiation, dans ce lieu redouté,
Règne sans doute avec quelque ange pour ministre ?
Quel est ton crime, ô toi qui vas, tête sinistre,
Plus pâle que le Christ sur son noir crucifix ?
— Je suis le petit-fils de votre petit-fils.
— Et d'où viens-tu ?
— Du trône. O rois, l'aube est terrible !
— Spectre, quelle est là-bas cette machine horrible ?
— C'est la fin, dit la tête au regard sombre et doux.
— Et qui donc l'a construite ?
— O mes pères, c'est vous.

## II

Un lien assez étroit relie ce livre épique des *Quatre Vents de l'esprit* à l'ouvrage posthume qui a pour titre *La Fin de Satan*. C'est encore la Révolution qui devait occuper la place d'honneur dans ce vaste poème : on en peut juger par les titres : *Les Squelettes, Camille et Lucile, La Prise de la Bastille*, qui nous disent assez clairement le dessein du poète dans ce chant tout moderne de *la prison* resté malheureusement à l'état de projet.

La Prison est, avec le Gibet et le Glaive, le legs terrible de Caïn :

Lorsque Caïn, l'aïeul des noires créatures,
Eut terrassé son frère, Abel au front serein,
Il le frappa d'abord avec un clou d'airain,
Puis avec un bâton, puis avec une pierre ;
Puis il cacha ses trois complices sous la terre
Où ma main qui s'ouvrait dans l'ombre les a pris.
Je les ai.

Ainsi parle Isis, fils de l'Esprit du mal, que la Bible a flétri du nom de Satan.

Et comme s'il parlait à quelqu'un sous l'abîme :
— O père, j'ai sauvé les trois germes du crime !
Sous la terre profonde un bruit sourd répondit.

Il reprit : — Clou d'airain qui servis au bandit,
Tu t'appelleras Glaive et tu seras la guerre ;
Toi, bois hideux, ton nom sera Gibet; toi, pierre,
Vis, creuse-toi, grandis, monte sur l'horizon,
Et le pâle avenir te nommera Prison.

L'Esprit du mal, qui hait le Créateur divin, ne peut le frapper que dans la création ; il s'acharne donc après elle.

Je défigurerai la face universelle,

s'écrie Lucifer, du fond de l'abîme sombre où Dieu le retient enchaîné.

Mais du débris de ses ailes consumées une plume blanche, une plume animée s'est détachée, et est restée sur le seuil de l'abîme; un rayon de l'œil divin, qui crée le monde, s'est arrêté sur elle, et ce débris est devenu un être, un ange éblouissant, la *Liberté.* C'est la Liberté qui descendra dans le gouffre des ténèbres, écartera Isis, arrivera jusqu'aux pieds de Satan, fondra sa haine et son orgueil à la chaleur d'une incantation suppliante et divinement tendre, et lui arrachera le cri de clémence qui doit délivrer l'Humanité.

« Permets que, grâce à moi, dans l'azur baptismal
Le monde rentre, afin que l'éden reparaisse !
Hélas ! sens-tu mon cœur tremblant qui te caresse ?
M'entends-tu sangloter dans ton cachot ? Consens,
Que je sauve les bons, les purs, les innocents ;

Laisse s'envoler l'âme et finir la souffrance.
Dieu me fit Liberté ; toi, fais-moi Délivrance !

« Oh ! ne me défends pas de jeter, dans les cieux
Et les enfers, le cri de l'amour factieux;
Laisse-moi prodiguer à la terrestre sphère
L'air vaste, le ciel bleu, l'espoir sans borne, et faire
Sortir du front de l'homme un rayon d'infini.
Laisse-moi sauver tout, moi, ton côté béni !
Consens ! Oh ! moi qui viens de toi, permets que j'aille
Chez ces vivants, afin d'achever la bataille
Entre leur ignorance, hélas ! et leur raison,
Pour mettre une rougeur sacrée à l'horizon,
Pour que l'affreux passé dans les ténèbres roue,
Pour que la terre tremble et que la prison croule,
Pour que l'éruption se fasse, et pour qu'enfin
L'homme voie, au-dessus des douleurs, de la faim,
De la guerre, des rois, des dieux, de la démence,
Le volcan de la joie enfler sa lave immense ! »

Tandis que cette vierge adorable parlait,
Pareille au sein versant goutte à goutte le lait
A l'enfant nouveau-né qui dort, la bouche ouverte,
Satan, toujours flottant comme une herbe en l'eau verte,
Remuait dans le gouffre, et semblait par moment
A travers son sommeil frémir éperdûment;
Ainsi qu'en un brouillard l'aube éclôt, puis s'efface,
Le démon s'éclairait, puis pâlissait; sa face
Etait comme le champ d'un combat ténébreux ;
Le bien, le mal, luttaient sur son visage entre eux
Avec tous les reflux de deux sombres armées;
Ses lèvres se crispaient, sinistrement fermées;
Ses poings s'entre-heurtaient, monstrueux et noircis;

Il n'ouvrait pas les yeux, mais sous ses noirs sourcils
On voyait les lueurs de cette âme inconnue ;
Tel le tonnerre fait des pourpres sur la nue.
L'ange le regardait les mains jointes.
         Enfin
Une clarté, qu'eût pu jeter un séraphin,
Sortit de ce grand front tout brûlé par les fièvres.
Ainsi que deux rochers qui se fendent, ses lèvres
S'écartèrent, un souffle orageux souleva
Son flanc terrible ; et l'ange entendit ce mot :
         — Va !

On devine quelle est la mission de l'ange : il va briser les portes de la prison symbolique ; la Bastille rend au jour ses squelettes et ses captifs ; l'aurore de la liberté éclaire les amours de Camille et de Lucile ; à l'affranchissement de l'homme sur la terre succède l'affranchissement de Lucifer, le pardon de Satan.

Dans cette analyse rapide du poème, une partie superbe a disparu, c'est la vie et la mort de Jésus. Sous ce titre *le Gibet*, Hugo a réuni les souvenirs les plus puissants du drame évangélique, et on ne trouverait nulle part dans l'œuvre du poète des pages supérieures à la merveilleuse imitation du Cantique des Cantiques, au triomphe du jour des Rameaux, à la Cène, à la Passion.

Ceux qui ont cru que la vieillesse de Hugo avait entraîné une décadence de son génie poétique, n'ont qu'à lire cette merveilleuse ébauche de la *Fin de Satan*.

Il faut donc modifier la formule que le poète anglais Swinburne applique à la dernière *Légende des siècles*, où il croyait voir comme le testament poétique de Victor Hugo : « Une fois de plus, le monde a reçu un présent, le dernier cette fois, de la main toujours vivante du plus grand homme qui ait paru depuis Shakespeare. » Cette main n'a pas encore donné tous ses trésors ; Hugo n'est pas entré dans le repos définitif, en entrant dans cette gloire, qui, nous le voyons déjà, ne peut pas subir d'éclipse durable, et sûrement ne s'éteindra plus.

# TABLE DES MATIÈRES

|  | Pages. |
|---|---|
| LA VIE DE VICTOR HUGO. | 7 |
| L'ŒUVRE POÉTIQUE DE VICTOR HUGO. | 57 |
|    L'ODE. | 59 |
|       Les Odes et Ballades. | 62 |
|       Les Orientales. | 69 |
|       Les Feuilles d'Automne. | 77 |
|       Les Chants du Crépuscule. | 85 |
|       Les Voix intérieures. | 93 |
|       Les Rayons et les Ombres. | 100 |
|    LE DRAME. | 111 |
|    LA SATIRE. | 139 |
|       Les Châtiments. | 139 |
|       Les Contemplations. | 151 |
|       Les Chansons des Rues et des Bois. | 157 |
|       L'Année terrible. | 161 |
|    L'ÉPOPÉE. | 171 |
|       La Légende des Siècles. | 171 |
|       L'Art d'être Grand'Père. | 206 |
|       Le Pape. —Religions et Religion. — L'Ane. — La pitié suprême. | 220 |
| LA FIN DE L'ŒUVRE POÉTIQUE ET LES ÉCRITS POSTHUMES. | 225 |

POITIERS. — TYPOGRAPHIE OUDIN.

www.ingramcontent.com/pod-product-compliance
Lightning Source LLC
Chambersburg PA
CBHW071943160426
43198CB00011B/1522